유튜브를 삭제하고
아이에게 책과 GPT를 가르쳤습니다

상상력집단

AI보다 먼저 생각하고, 답은 책에서 찾는 아이

유튜브를 삭제하고
아이에게 책과 GPT를 가르쳤습니다

조현주 지음

상상력집단

/prologue

나는 엄마니까,
AI도 결국 공부해야 했다

솔직히 말하면, 나는 처음부터 AI를 알고 싶었던 건 아니다. 더 정확히 말하면, 아무것도 몰랐다. GPT가 뭐고, 메타인지가 뭔지도 모르겠고, 디지털 교과서라는 말만 들어도 '우리 애가 실험대 되는 건 아닐까?' 하는 막연한 불안감부터 들었다. 그런데도 나는 이걸 알아야 하지 않을까 하는 생각이 들었다.

이 시대의 엄마라면, 그냥… 알아야 할 것 같았다. 그게 맞는 방향인지 확신은 없지만, 세상이 너무 빨리 바뀌고 있다는 건 피부로 느껴졌기 때문이다. 학교에서 AI 수업을 한다는데, 아이가 뭘 배우는지는 몰랐고, 어느 날 아이가 내게 물었다. "엄마, GPT 써봤어?" 그 순간, 나는 대답을 하지 못했다.

그 일이 마음에 걸렸다. 언젠가부터 아이가 나보다 더 넓은 세상을 알고 있다는 걸 인정해야 할 것 같았다. 그리고 그게 서운하다거나 서글프기보다, '이젠 내가 이 아이를 가르치기보단 함께 배워야 할 때'라는 생각이 들었다.

그래서 시작했다. 정말 아무것도 모르는 상태에서. 인터넷에서 검색도 해보고, 친구한테 물어도 보고, 아이 몰래 GPT에 "초등학교 아이와 대화할 수 있는 AI 공부법 알려줘" 같은 걸 물어보기도 했다. 어떻게 보면 이 책은, 그 막연한 시작에서 출발한 한 엄마의 실험기이자 탐험기다.

처음엔 용어가 너무 낯설어서 포기하고 싶을 때도 많았고, 때론 '내가 이걸 왜 하고 있지?' 싶은 날도 있었다. 그런데 어느 날, 아이가 이런 말을 했다. "엄마, 나 오답노트는 이제 GPT랑 해도 돼?" 나는 고개를 끄덕이며, 속으로 웃었다. '그래, 이제 나보다 네가 더 잘하네.'

이 책은 전문가가 쓴 책이 아니다. 엄마가 쓴, 엄마들을 위한, 아이와 함께 크는 사람들의 이야기다. 정보보다 마음이 앞섰고, 기술보다 대화가 먼저였고, 정답보다 질문이 중요하다는 걸 조금씩 알아간 기록이다.

지금 이 책을 펼친 당신도 아마 나처럼 시작했을 것이다. 불안해서, 두려워서, 뒤처질까 봐. 하지만 그 안에는 분명히 '아이와 함께 더 나은 세상을 살고 싶은 마음'이 있다. 그 마음이면 충분하다. 나는 그렇게 믿는다. 그러니 이 책을 읽으며 '나만 그런 게 아니었구나'라고 느껴준다면, 우리는 이미 같은 길 위에 서 있는 것이다.

차례

프롤로그　　04

1장　엄마도 처음이야, AI가 무섭기만 했던 그때

Youtube는 막 았지만, GPT는 열어줬습니다　　10
정말 네이버와 구글의 검색이 AI로 대체될까? (feat.퍼플렉시티)　　19
알림장에 올라온 글자, AI 디지털교과서　　28
처음으로 AI가 정말 똑똑하다고 느낀 날　　36

2장　AI와 책으로 함께 자라는 우리 아이 이야기

책 읽고 글 한 줄 못 쓰던 아이가 독후감을 쓰기까지　　52
책은 걱정하지마 엄마가 다 사줄게　　60
우리 아이 맞춤 과외 선생님 만들기　　68
AI 친구, 예슬이의 철학 선생님이 되다　　77

3장　무엇을 가르칠까보다, 어떻게 대화할까

공부보다 중요한 건 감정을 말하는 연습　　92
메타인지를 키운다는 것 – 틀렸다는 걸 말할 수 있는 용기　　101
우리 아이가 갑자기 창의적으로 보이기 시작한 이유　　110
질문이 늘어난 아이는 스스로 배우기 시작했다　　122

4장 AI 시대, 부모의 실전 교육법

AI와 함께하는 자녀교육 5단계 — 134
부모가 알아야 할 AI 사용 시 자녀 컨트롤 방법(꿀팁5개) — 143
AI 이미지 만들기, 아이가 제일 재미있어하는 교육 — 152
제발 엄마가 먼저 배우자 — 165

5장 부모가 미래를 설계해야 아이가 따라옵니다

10대 CEO가 탄생할 수 있을까? – 꼭 공부만이 답은 아닌 시대 — 178
지금 필요한 진로교육은 '적성'이 아니라 '태도' — 191
AI 윤리 어디부터 어떤 걸 가르쳐야 할까? — 197
부모가 먼저 바뀌면, 아이는 생각보다 빨리 따라온다 — 205

6장 예슬이가 생각하는 AI에 대한 의견

내가 AI로 공부하는 방법 — 216
요즘 애들은 AI랑 어떻게 노는지 궁금하세요? — 222
우리 엄마는 좀 이상한 교육을 한다 — 228
우리 엄마 교육이 좋은 점 — 234
처음부터 AI랑 친하진 않았어요 — 240

*중학교 2학년 예슬 양이 직접 쓴 AI에 대한 생각

에필로그 248
Thanks to 250

1장

엄마도 처음이야, AI가 무섭기만 했던 그때

Youtube는 막았지만, GPT는 열어줬습니다
정말 네이버와 구글의 검색이 AI로 대체될까? (feat.퍼플렉시티)
알림장에 올라온 글자, AI 디지털교과서
처음으로 AI가 정말 똑똑하다고 느낀 날

YouTube는 막았지만, GPT는 열어줬습니다

초등학교 1학년 때부터 우리 집 아이도 핸드폰을 가지고 있었다. 당시엔 내가 병원 근무를 했고, 아이들도 어린이집이나 학교에 있다가 가끔 연락할 일이 필요했기 때문에, 키즈폰을 사줬다. 그건 단순한 전화기나 다름없었고 인터넷도 거의 안 됐다. 그런데 3학년쯤 되자, 아이가 키즈폰을 안 쓰겠다고 했다. 또래 친구들도 다 일반 스마트폰을 쓰고 있었으니까. 결국 인터넷이 되는 핸드폰으로 바꿔줬다. 그때부터 아이가 이것저것 하고 싶은 게 많아졌고, 나도 그걸 다 막기는 어려웠다.

처음에는 '패밀리 링크'로 어느 정도 관리가 된다고 해서 그걸 믿고 설정을 해줬다. 구글도 막고, 카카오톡도 깔지 못하게 했고, 유튜브도 제한된 버전만 보게 설정했다. 그런데 아이들은 정말 똑똑하다. 막아놨다고 해도 구글에서 우회해서 다 들어가더라. 난 그런 걸 처음 알았다.

어느 날 문득 이상한 기분이 들었다. 원래는 핸드폰을 그렇게 집착하지 않던 애가, 자꾸 손에서 핸드폰을 못 놓고 있는 거다. 한두 달 바쁘다는 이유로 그냥 넘기고 있다가, 어느 날 진짜 한 번 제대로 확인해봤다. 패밀리 링크에 남겨진 이력을 보는데, 웬만한 만화 사이트는 다 들어가 봤더라. 그런데 그중엔 성인 만화도 있었다. 그 순간 온몸이 굳었다. '이건 아니다' 싶어서 한바탕 크게 혼냈고, 아이는 울면서 다시는 안 그러겠다고 약속했다. 그 말을 믿어보자, 하고 한 번 더 기회를 줬다.

하지만 다시 한 번 배신당한 건 캠핑장에서였다. 당시 나는 평화롭게 야외에서 TV를 시청하고, 아이는 뭔가를 보고 있는데 느낌이 쎄했다. 그래서 핸드폰을 달라고 했는데 안 주더라. 끝까지 안 주니까 나도 모르게 욱하는 감정이 치솟았고, 억지로 빼앗아 보니 또 만화사이트를 들어가서 보고 있었고.. 결국 캠핑장에 있는 돌을 무작정 집어 핸드폰을 박살 내버렸다. 너무 화가 났다. 속였다는 배신감, 나를 무시했다는 분노, 그리고 내가 지켜주지 못했다는 자책까지 몰려왔다. 결국 핸드폰은 한 달간 정지됐다.

아이와의 핸드폰 전쟁에서 내가 이길 수 없다는 걸 캠핑장에서 깨달았다.

이런 일이 있고 나서야 미디어에 대한 생각을 정리할 수 있었다. 사실 나는 아이가 어렸을 때부터 유튜브나 스마트폰을 그렇게 자유롭게 보여주진 않았다. 음식점 같은 데 가면 대부분 아이들한테 핸드폰을 쥐여주는데, 나는 가능하면 밥 빨리 먹이고 놀이터나 키즈카페 같은 데 데려가서 놀게 했다. 물론 나도 힘들었지만, 그냥 아이를 앉혀놓고 영상 보여주는 게 마음에 걸렸다. 그게 쌓이다 보면 결국 미디어에 중독되는 걸 내가 너무 많이 봐왔기 때문이다.

같이 아이 키우던 지인 중엔, 아이가 앉기만 하면 자동으로 핸드폰을 켜는 집도 있었다. 그 아이는 나중에 언어치료를 받게 됐다. 그걸 보면서 '나는 저렇게 안 해야겠다'는 다짐이 생겼다. 그래서 웬만하면 미디어는 피하려고 했다. 하지만 그게 끝은 아니었다.

미디어를 막는다고 해서 문제가 끝나는 게 아니라는 걸 절실히 느꼈다. 우리 때와는 비교도 안 될 만큼 아이들이 정보에 쉽게 접근하는 시대이기 때문이다. 나는 어려서부터 컴퓨터를 일찍 접한 케이스였다. 외삼촌 덕분에 초등학교 2학년 때부터 도스를 배우고 컴퓨터를 다뤘다. 그때의 경험이 내게는 큰 도움이 됐고, 간호사로 일할 때도, 그 이후 다른 일을 할 때도 항상 기술이 큰 힘이 됐다.

그래서 요즘 아이들이 누리는 환경이 부럽기도 했다. 내가 어릴 때 처음 인터넷을 접했을 때의 그 신기함과 가능성을 이 아이들도 느낄 수 있을 텐데, 나는 그걸 막고 있는 사람이 된 것 같았다. 유튜브를 막고, 스마트폰을 제한하면서, 혹시 내가 이 아이의 가능성까지도 막고 있는 건 아닐까? 그런 죄책감이 마음 한켠에 늘 있었다.

그런데 AI가 등장했다. 딱 그때, 나는 생각했다. '이게 출구가 될 수도 있겠다.' 무작정 다 막는 게 아니라, 새로운 방향을 보여주는 것. 유해한 미디어가 아니라, 아이가 능동적으로 배우고 창의적으로 활용할 수 있는 기술. 그게 바로 AI였다.

<u>유튜브 대신 AI를 열어주니, 아이가 수동적 시청자에서 능동적 창작자로 바뀌었다.</u>

돌이켜보면 AI를 처음 접한 건 단순한 호기심이었다. '아이들한테 좋다더라', '요즘 이거 다 시키더라' 같은 말들 속에서 솔직히 나도 처음엔 반신반의했다. 그런데 이게 단순한 유행이 아니라는 걸 금방 알 수 있었다. 아이가 뭔가를 질문하면 답을 알려주고, 아이의 문장을 정리해주고, 아이가 상상한 이야기를 글로 만들어주는 AI를 보면서, 이건 진짜 '도구'가 될 수 있겠다는 생각이 들었다.

무엇보다도 좋았던 건, AI는 소비가 아니라 창작을 유도한다는 점이었다. 유튜브나 게임은 가만히 앉아서 보기만 하면 되는데, AI는 뭔가를 계속 물어봐야 하고, 쓰고, 다시 확인하고, 아이 스스로가 주도해야 한다. 처음에는 타이핑하는 것도 어색하고, 질문도 잘 못 하던 아이가 어느 순간부터는 '이건 어떻게 써야 돼?', '이런 식으로 물어보면 더 좋은 답이 나와?' 하고 나한테 물어보기 시작했다. 그 변화가 너무 반가웠다.

그리고 이건 단순히 정보검색을 넘어서서 아이의 사고력이나 표현력까지 자극하는 도구였다. 예를 들어, 한 번은 아이가 '공룡이 살아있다면 어떤 세상이 될까?'라는 주제로 AI랑 이야기를 나눴는데, 처음에는 단순한 상상이었지만 점점 설정이 구체화되더니 결국은 작은 글 한 편이 나왔다. 그리고 그걸 학교 숙제로 제출했을 때 선생님께 칭찬도 받았다.

그때 아이가 했던 말이 아직도 기억난다. "엄마, 나도 뭔가 만들 수 있네. 나도 글을 쓸 수 있구나."

아이의 한마디가 내 모든 노력을 보상했다. "나도 글을 쓸 수 있구나."

그 한마디가 AI 도입 이후, 나의 가장 큰 보상이었다. 나는 그동안 너무 무서워서, 너무 많은 걸 막으려고만 했던 것 같다. 그런데 막는다고 다 해결되는 게 아니었다. 그보다는, 좋은 방향을 제시해주는 것이 더 효과적이었다. AI는 우리에게 그런 방향을 열어준 존재였다.

물론 모든 게 순탄한 건 아니었다. 아이가 AI에게 질문만 하다가 끝나는 날도 있었고, 장난스럽게 "AI야, 숙제 좀 해줘"라고 하기도 했다. 그럴 땐 같이 앉아서 이야기했다. "이건 도와주는 거지, 대신해주는 게 아니야." 그러면서 도구를 어떻게 쓰는지가 결국 중요한 거라는 걸 함께 배워갔다.

특히 내 마음속 깊은 곳에서 사라지지 않던 죄책감. "이 시대에 태어난 아이에게 나는 너무 고지식한 엄마는 아닐까?" "다들 누리는 걸 우리 아이만 못 누리게 하는 건 아닐까?"

그런 마음이 조금씩 옅어졌다. 왜냐하면, 이제는 무작정 막는 엄마가 아니라, 같이 배우고, 같이 성장하는 엄마가 되었기 때문이다. 아이가 AI를 통해 자기 생각을 표현하고, 뭔가를 스스로 해낼 때 나는 말로 설명할 수 없는 감동을 받는다. 그건 유튜브를 볼 때와는 완전히 다른 반짝임이다.

그리고 결정적으로, 나는 아이를 더 믿게 되었다. 예전엔 핸드폰만 봐도 의심부터 들었고, 감시하듯 쳐다봤다. 하지만 지금은 아이가 "AI랑 이런 거 해봤어"라고 먼저 얘기해주고, 같이 앉아서 결과물을 보여줄 때가 많다. 그런 시간들이 쌓이면서, 우리는 조금씩 더 가까워졌다.

AI는 우리 사이에 다리를 놓아줬다. 감시자와 피의자가 아닌, 함께 배우는 동반자로.

나는 여전히 유튜브는 막아두고 있다. 하지만 이제는 '무조건 안 된다'가 아니라, '지금은 더 좋은 길이 있어'라고 말할 수 있게 되었다.

지금 이 글을 읽고 있는 많은 부모들도 아마 비슷한 고민을 하고 있을 거라고 생각한다. '어디까지 열어줘야 하지?', '어디서부터 막아야 하지?' 기술은 너무 빠르게 발전하는데, 우리는 늘 한발 늦는 기분이다. 내가 아이보다 더 잘 알아야 할 것 같은데, 도무지 따라가질 못하겠다.

그 불안감 속에서 많은 부모들이 '차라리 다 막아버리자'는 선택을 한다. 나 역시 그랬다. 유튜브, 게임, SNS... 눈에 보이는 건 일단 다 차단했다. 하지만 시간이 지나고 나서야 알게 되었다. 막는다고 사라지는 게 아니고, 피한다고 안전해지는 것도 아니라는 것.

모든 디지털 문을 걸어잠그는 순간, 아이는 창문을 통해 더 위험한 세계로 향한다.

그렇다고 무조건 허용하자는 건 아니다. 그저 '무조건 안 돼'에서 '이건 이렇게 하면 돼'로, 방향을 제시해주는 부모가 되어야 한다는 걸 깨달았다.

AI는 내게 그런 방향을 만들어준 계기였다. 단순한 기술이 아니라, 우리 아이가 '생각하는 힘'을 기를 수 있는 놀이터가 되어줬다. 아이의 눈빛이 달라졌고, 질문이 바뀌었고, 무엇보다 나와의 대화가 늘었다. 그건 그 어떤 교육도, 미디어도 대신할 수 없는 소중한 변화였다.

사실 AI라는 말만 들어도 겁부터 나는 부모들이 많다. 막연하고, 어렵고, 아이에게 나쁜 영향을 주진 않을까 걱정된다. 하지만 우리가 걱정하는 대부분의 문제는 기술 때문이 아니라, 사용 방식 때문이다. AI는 우리가 어떻게 사용하느냐에 따라, 아이를 망칠 수도 있고, 아이를 성장시킬 수도 있다.

<u>도끼는 나무꾼에겐 도구지만 아이에겐 위험물이다. AI도 마찬가지, 어떻게 쓰느냐가 핵심이다.</u>

나는 아직도 시행착오를 겪고 있다. 어떤 날은 AI를 너무 쉽게 넘기기도 하고, 어떤 날은 또다시 감시자의 시선으로 아이를 바라보기도 한다. 그럴 때마다 마음을 다잡는다. 내가 이 길을 선택한 이유는, 아이를 더 잘 믿고, 더 깊이 이해하기 위해서였다는 걸.

지금 우리 아이들이 자라는 시대는 우리가 자랐던 시절과는 완전히 다르다. 정보는 넘치고, 속도는 빠르고, 선택은 무한하다. 이 시대의 자녀교육은 '지키는 것'보다 '길을 만드는 일'이라고 생각한다.

아이에게 인공지능을 가르치는 게 아니라, 인공지능과 함께 어떻게 살아갈지를 가르치는 거다.

AI는 그 길을 만드는 데 좋은 출발점이 될 수 있다. 단지 새로운 기술을 익히는 수준이 아니라, 아이와 함께 고민하고, 함께 만들어가고, 함께 실수하는 그 과정을 통해 부모와 아이가 함께 성장할 수 있는 기회를 준다.

나는 여전히 완벽한 엄마가 아니다. 하지만 예전처럼 막기만 하던 엄마는 이제 아니다. 유튜브는 막았지만, AI를 열어줌으로써 우리 아이에게는 생각하고 표현하고 스스로 배우는 경험을 줄 수 있었다. 그리고 그건, 그 어떤 콘텐츠보다도 값진 선물이었다고 믿는다.

이 글을 읽는 당신도 언제까지 막고 있을지 고민 중이라면, 이제는 하나의 길을 함께 열어주는 부모가 되어보길 바란다. 그 첫 시작이 AI일 수 있다면, 나는 그걸 기꺼이 응원하고, 함께 나누고 싶다.

정말 네이버와 구글의 검색이 AI로 대체될까? (feat.퍼플렉시티)

처음 퍼플렉시티(Perplexity)를 알게 되었을 때, 나는 솔직히 반신반의했다. 또 하나의 AI 툴일 뿐이라고 생각했다. 그때만 해도 ChatGPT나 클로드(Claude)처럼 대화형 AI는 재미있는 장난감 정도로만 여겼으니까. 하지만 실제로 사용해본 뒤에는 생각이 달라졌다. 이건 단순한 AI 챗봇이 아니라, 검색의 미래를 보여주는 창이었다.

주변 학부모들의 반응도 다양했다. "그냥 구글이나 네이버 쓰면 되지, 이런 거 왜 필요해?", "AI가 주는 정보, 신뢰할 수 있을까?", "아이들이 AI에 의존하면 스스로 찾는 능력이 떨어지지 않을까?" 이런 의문들이 커피 한 잔을 마시며 나누는 대화 속에 자연스레 녹아있었다. 나 역시 처음에는 그런 의문을 품었다.

그런데 어느 날, 중학생 아이가 역사 숙제를 하며 한국전쟁의 배경에 대해 조사하는 모습을 지켜봤다. 네이버에서 '한국전쟁 배경'이라고 검색하자 수많은 정보가 쏟아졌다. 아이는 여러 블로그와 카페, 뉴스 기사를 넘나들며 정보를 찾았지만, 어떤 내용이 중요한지, 어떤 순서로 이해해야 할지 혼란스러워했다. 그때 내가 제안했다. "퍼플렉시티로 한번 물어볼래?"

아이는 의심스러운 눈빛으로 퍼플렉시티에 "한국전쟁의 배경에 대해 중학생이 이해하기 쉽게 설명해줘"라고 입력했다. 그리고 몇 초 후, 체계적으로 정리된 답변이 나왔다. 단순히 냉전 구도부터 38선 분단까지 시간순으로 정리된 정보뿐 아니라, 당시 국제 정세와 한반도 상황을 연결해 설명했다. 무엇보다 중요한 건, 출처가 명확하게 제시되어 있다는 점이었다.

"우와, 이거 진짜 편하다. 내가 여기저기 찾아다니지 않아도 되네!" 아이의 눈빛이 달라졌다. 그리고 나도 그제서야 깨달았다. AI 검색이 단순히 기존 검색을 대체하는 게 아니라, 정보를 찾는 방식 자체를 바꾸고 있다는 것을.

같은 질문, 다른 결과물

호기심이 생겨 직접 실험해보기로 했다. 같은 질문을 네이버, 구글, 그리고 퍼플렉시티에 물었다. "임신 중 좋은 영양제는 무엇인가요?"

네이버에서는 다양한 블로그와 지식인 답변, 쇼핑몰 광고들이 한꺼번에 나왔다. 상위에 노출된 블로그들은 특정 브랜드를 추천하는 내용이었고, 마치 리뷰처럼 보이지만 사실상 광고인 경우가 많았다. 구글에서는 조금 더 공신력 있는 의학 사이트들이 상위에 노출됐지만, 여전히 원하는 정보를 얻기 위해서는 여러 사이트를 오가며 읽어야 했다.

반면 퍼플렉시티는 임신 단계별로 필요한 영양소와 영양제를 요약해주고, 의학적 근거를 함께 제시했다. "임신 초기에는 엽산이 중요하며...", "임신 중기부터는 칼슘과 철분의 보충이 필요하다..." 등의 정보를 체계적으로 정리해 보여주었다. 무엇보다 놀라웠던 건, 마침 "의사와 상담 후 복용하세요"라는 문구로 끝맺고 있다는 점이었다.

이 경험으로 AI 검색의 가장 큰 장점을 발견했다. 바로 '맥락 이해'였다. 기존 검색 엔진이 키워드 매칭에 기반해 결과를 보여준다면, AI 검색은 내 질문의 의도를 파악하고, 그에 맞는 답변을 구성해 준다. 더 이상 여러 페이지를 돌아다니며 정보를 조각조각 모을 필요가 없었다.

GPT의 웹 검색, 놀라운 성능

ChatGPT의 검색 기능도 시도해봤다. 처음에는 GPT 플러그인으로 시작했지만, 최근에는 GPT에 직접 내장된 웹 검색 기능을 주로 사용한다. "오늘 우리 동네 날씨 어때?"라는 질문에 내 위치를 파악하고 실시간 날씨 정보를 가져오는 모습이 인상적이었다.

특히 복잡한 질문에 대한 대응이 놀라웠다. "최근 3년간 한국의 출산율 변화와 그 원인을 분석해줘"라는 질문에 ChatGPT는 통계청 데이터를 기반으로 출산율 추이를 보여주고, 여러 사회경제적 요인을 분석해 답변했다. 출처까지 명확히 제시하니 신뢰도도 높았다.

중요한 건, 이런 정보를 얻기 위해 내가 해야 할 일은 그저 '질문'하는 것뿐이라는 점이다. 검색어를 선별하고, 여러 사이트를 비교하고, 광고성 콘텐츠를 필터링하는 번거로운 과정이 모두 사라졌다.

물론 한계도 있다. 가끔은 정보가 너무 일반적이거나, 최신성이 떨어질 때도 있다. 하지만 이런 한계는 날이 갈수록 개선되고 있다. 특히 퍼플렉시티는 실시간 웹 크롤링을 통해 최신 정보를 반영하는 RAG(Retrieval Augmented Generation) 방식을 채택하고 있어 이런 문제가 적다. "이게 정말 구글을 대체할 수 있겠구나"라는 생각이 들었다.

부모로서 느끼는 변화와 가능성

이러한 경험을 통해 AI 검색이 단순한 기술적 진보를 넘어, 우리 가족의 일상과 아이의 학습 방식에까지 영향을 미치고 있음을 실감했다.

아이는 학교에서 국어 시간에 '비유법'에 대해 배웠다며 설명을 부탁했다. 핸드폰을 꺼내 퍼플렉시티에 물었다. "직유법, 은유법, 의인법의 차이와 각각의 예시를 알려줘." 수 초 내에 체계적인 설명과 예시가 나왔고, 아이는 곧바로 이해할 수 있었다.

다음 날, 아이는 자발적으로 AI에게 더 깊은 질문을 던지기 시작했다. "비유법을 잘 활용한 시를 보여줄 수 있어?" "현대 소설에서 비유법이 중요한 이유는 뭐야?" 질문이 점점 심화되었고, 아이는 AI와의 대화를 통해 자신만의 학습 여정을 만들어가고 있었다.

이 모습을 보며 깨달았다. AI 검색은 단순히 답을 얻는 도구가 아니라, 사고를 확장하는 대화 상대가 될 수 있다는 것을. 기존 검색 엔진은 우리가 무엇을 찾는지 알아야 했지만, AI 검색은 우리가 무엇을 알고 싶은지에 초점을 맞춘다. 이 차이가 학습 방식 자체를 변화시키고 있다.

우려와 한계는 분명히 있다

물론 이런 변화에 대한 우려도 있다. 가장 큰 걱정은 정보의 신뢰성이다. AI가 때때로 '환각'을 일으켜 사실이 아닌 정보를 마치 진실인 것처럼 말하는 경우가 있기 때문이다. 그래서 나는 아이에게 늘 강조한다. "AI가 주는 정보도 항상 비판적으로 봐야 해. 중요한 내용은 다른 출처로 한번 더 확인하는 습관을 가지렴."

또 다른 우려는 아이가 너무 AI에 의존하지 않을까 하는 점이다. 정보를 직접 찾고 비교하고 판단하는 능력은 여전히 중요하니까. 그래서 우리 집에는 'AI 사용 원칙'이 있다. 먼저 스스로 생각해보고, 그 다음에 AI의 도움을 받는 것. 그리고 AI가 제시한 정보에 대해 "왜 그럴까?"라는 질문을 한 번 더 던져보는 것.

현재 AI 검색의 기술적 한계도 분명히 있다. 가끔은 너무 일반적인 답변을 내놓거나, 복잡한 질문에 대해 일관되지 않은 답을 줄 때도 있다. 하지만 이런 한계는 기술이 발전함에 따라 계속 개선될 것이다. 퍼플렉시티나 GPT 같은 도구들이 매달, 매주 발전하는 속도를 보면 그 가능성을 충분히 느낄 수 있다.

부모가 먼저 익히고, 함께 탐험하기

중요한 건, 이런 변화 앞에서 부모인 우리가 어떤 자세를 취하느냐다. 거부하고 두려워하기보다는, 먼저 익히고 이해하려는 노력이 필요하다고 생각한다. 아이들이 이미 디지털 네이티브로 자라고 있는 이 시대에, AI도 자연스럽게 그들의 삶에 녹아들 것이기 때문이다.

나는 주변 학부모 친구들에게 종종 조언한다. "아이가 쓰기 전에 엄마 아빠가 먼저 써보세요. 그래야 제대로 안내할 수 있어요." 실제로 우리 집에서는 AI 검색을 가족 활동으로 활용하기도 한다. 저녁 식탁에서 갑자기 궁금한 주제가 나오면, 함께 질문을 만들고 AI의 답변을 듣는다. 그리고 그 답변에 대해 함께 토론한다. "이 부분은 정확할까?", "다른 관점은 없을까?" 이런 대화를 통해 아이는 정보를 무조건 받아들이는 것이 아니라, 비판적으로 사고하는 능력을 기를 수 있다.

어느 날 저녁, 우리 가족은 제주도 여행 계획을 세우고 있었다. 예전 같으면 여러 여행 블로그를 뒤지고, 각종 리뷰 사이트를 비교하느라 시간을 허비했을 것이다. 하지만 이번에는 달랐다.

"3월 제주도 3박 4일 여행 코스 추천해줘. 초등학생 아이가 있고, 자연 경관을 좋아해." 이 한 문장으로 시작된 AI와의 대화를 통해, 우리는 30분 만에 완벽한 여행 계획을 세울 수 있었다. 계절에 맞는 관광지, 아이와 함께하기 좋은 체험활동, 현지인이 추천하는 맛집까지. 더 놀라운 건, 아이도 이 과정에 적극적으로 참여했다는 점이다.

"우리 해녀 체험도 해보고 싶은데, 그것도 물어볼까?" 아이가 직접 질문을 만들고, AI의 답변을 듣고, 또 새로운 질문을 이어나갔다. 정보를 찾는 과정 자체가 재미있는 대화가 된 것이다.

미래를 준비하는 자세

네이버와 구글이 AI 검색으로 완전히 대체될까? 아직 단정적으로 말하기는 어렵다. 하지만 분명한 건, 정보를 찾고 활용하는 방식이 근본적으로 변화하고 있다는 점이다. 키워드 중심의 검색에서 대화 중심의 검색으로, 정보의 나열에서 맥락화된 지식으로 진화하고 있다.

이런 변화 속에서 우리 부모들의 역할은 더욱 중요해진다. 기술 자체를 두려워하거나 거부하기보다는, 아이들이 이 도구를 현명하게 활용할 수 있도록 안내하는 것. 그리고 그 안내자가 되기 위해서는, 우리가 먼저 익히고 이해해야 한다.

어느 날 아이가 물었다. "엄마, AI가 검색을 완전히 대체하게 될까?" 나는 잠시 생각하다가 대답했다. "완전히 대체될지는 모르겠지만, 분명히 우리가 정보를 찾고 배우는 방식은 크게 바뀔 거야. 중요한 건 어떤 도구를 쓰느냐가 아니라, 그 도구를 어떻게 현명하게 활용하느냐지. 엄마도 너와 함께 계속 배우고 있어."

이것이 바로 지금 우리에게 필요한 자세가 아닐까? 변화를 두려워하지 않고, 함께 탐험하며, 서로에게서 배우는 열린 마음. AI 시대의 부모로서, 나는 오늘도 아이와 함께 이 새로운 정보의 바다를 항해하고 있다.

**아이들은 지시보다 공감으로 움직인다.
'공감'이 먼저다.**

…

오은영 (『불안한 엄마 무관심한 아빠』 中)

엄마도 처음이야, AI가 무섭기만 했던 그때

알림장에 올라온 글자, AI 디지털 교과서

"디지털 교과서가 채택되었습니다." 며칠 전, 아이의 알림장에 올라온 공지를 보며 처음엔 단순히 종이책이 전자책으로 바뀌는 정도로만 생각했다. 하지만 안내문을 자세히 들여다본 순간, 이건 단순한 전자책이 아니었다. 'AI 기반 디지털 교과서'. 이 네 글자가 머릿속에 맴돌았다.

이미 뉴스에서 들은 적 있다. 교육청과 정부가 AI 디지털 교과서를 시범 도입하고, 점차 전국으로 확대할 예정이라고. 그리고 이제, 우리 아이가 다니는 학교도 그 대상이 되었다. 반가움보다는 불안이 앞섰다. 이유는 명확하지 않았지만, 가슴 어딘가가 조이는 느낌이었다.

주변 엄마들의 반응도 크게 다르지 않았다. "책은 종이로 봐야지." "화면만 보면 눈 나빠." "수업시간까지 스마트기기를 쥐고 있으면 애들이 집중이나 하겠어?" 모두의 말끝마다 걱정이 실려 있었다. 나 역시 낯선 변화 앞에서 익숙함을 지키려는 본능이 일어났다.

소크라테스도 두려워했던 "새로운 기술"

문득 오래전 읽었던 한 구절이 떠올랐다. 고대 철학자 소크라테스는 '글'을 매우 부정적으로 여겼다고 한다. 그의 시대엔 말로 전하고, 기억으로 남기는 구술 전통이 교육의 중심이었다. 소크라테스는 글이 기억력을 약화시키고, 질문하지 않는 수동적인 사고를 만든다고 생각했다. 책은 대답하지 않기 때문에, 사람을 깊은 성찰로 이끌 수 없다고 믿었다. 지금 들으면 다소 우스운 주장일 수 있지만, 그 시대엔 너무나도 상식적인 생각이었다.

인류 역사상 새로운 기술이 등장할 때마다, 우리는 늘 이런 두려움을 반복해왔다. 그리고 대부분의 경우, 그 기술은 결국 우리 삶에 자연스럽게 스며들었다. 내가 처음 인터넷 검색을 배울 때도 그랬다. 뭘 찾아야 할지 몰라 헤매고, 익숙하던 백과사전과는 전혀 다른 흐름에 적응하지 못해 답답함을 느꼈다. 하지만 지금은 어떤가. 검색 없이는 하루도 살 수 없게 되었다.

그렇다면, 아이들은? 이 아이들은 나보다 훨씬 일찍, 훨씬 넓은 디지털 세계 안에서 자라고 있다. 이미 그들은 종이책보다 유튜브를 더 자연스럽게 받아들이고, 타이핑보다 음성 인식을 더 편하게 사용한다. 그런 아이들에게 'AI 디지털 교과서'란 단지 도구의 변화가 아니라, 세상을 배우는 방식 그 자체의 전환일지도 모른다.

교실에 숨겨진 불평등의 진실

예슬이가 중학생이 되고 처음 본 시험은 '기초학력 진단평가'였다. 교과서의 내용을 얼마나 이해했는지를 확인하는 시험이었고, 결과에 따라 보충 수업을 받는 학생들이 따로 나뉘었다. 같은 반인데, 어떤 아이는 수업을 따라가고, 어떤 아이는 늘 한 발 느리게 돌아와야 했다. 그때 나는 처음으로 이 교실이 완전히 평등하지 않다는 걸 느꼈다.

우리는 공교육이 모든 아이에게 똑같은 기회를 준다고 말하지만, 현실은 다르다. 교사 수는 늘 부족하고, 교사는 수업보다 행정에 시달린다. 각자의 수준에 맞는 수업은커녕, 하루하루 버티는 것조차 벅찬 현장이 많다. 이런 상황에서 개별 학생을 '따로' 봐줄 여유란 애초에 존재하지 않는다.

한 교장선생님의 말이 잊히지 않는다. "지금 교사 수의 두 배가 되지 않으면, 선생님들이 수업 준비에만 집중할 수 있는 환경은 어렵습니다." 현실적으로 교사 수를 두 배로 늘리는 것은 불가능에 가깝다. 그리고 그 현실적 한계 속에서, AI 디지털 교과서는 새로운 대안으로 등장했다.

단순한 전자책이 아닌, 맞춤형 교사의 탄생

이 교과서는 단순히 종이책을 PDF로 바꾼 것이 아니다. 그것은 교실 속 '보이지 않는 교사'에 가깝다. 학생이 문제를 풀면, 그 반응을 분석해 다음 문제의 난이도를 조절한다. 이해도가 높으면 더 심화된 문제로, 낮으면 더 쉬운 예제로 흐름이 이어진다. 교사 한 명이 30명의 학생을 개별적으로 관리할 수 없었던 현실적 한계를, AI가 메워주는 것이다.

그 결과, 아이는 자신의 속도에 맞춰 공부하게 된다. 눈치를 보지 않아도 되고, 따라가기만 하지 않아도 된다. 스스로 이해하고, 스스로 도전하고, 스스로 만족하는 학습. 이건 자존감의 문제다. 결국 '나도 할 수 있다'는 감각은 그 어떤 성적보다 깊고 오래 남는다.

또한, AI는 선생님의 자리를 빼앗는 존재가 아니라, 선생님의 시간을 덜어주는 조력자다. 학습 발달 상황을 자동으로 기록해주고, 토론 수업을 위한 조 편성을 도와주며, 채점에 드는 시간을 줄여준다. 그 대신 교사는 학생과 눈을 마주치고, 감정을 읽고, 질문을 나누는 일에 더 많은 에너지를 쓸 수 있다.

학부모에게 열리는 새로운 창

학부모로서도 큰 변화가 있다. 내 아이가 어떤 부분에서 강하고 약한지, 구체적인 데이터를 통해 알 수 있다. 감에 의존하지 않고, 근거를 바탕으로 진로를 고민하게 된다.

가정에서도 AI 교과서와 연계된 플랫폼을 통해 학습을 점검하고, 필요할 땐 개입할 수 있다. 그저 '엄마의 감'이 아닌, 아이의 흐름을 읽을 수 있게 되는 것이다.

이런 변화는 교육이 더 이상 '블랙박스'가 아님을 의미한다. 학교에서 무슨 일이 일어나는지, 아이가 어떤 과정을 거치고 있는지, 부모도 함께 지켜보고 참여할 수 있게 된다. 이는 학교와 가정의 경계를 허물고, 진정한 교육 공동체를 형성하는 첫걸음이 될 수 있다.

기술의 한계와 인간적 가치의 균형

물론 AI 디지털 교과서가 완벽한 해결책은 아니다. 서버 문제, 네트워크 안정성, 기기 보급률 등 기술적인 한계는 분명히 존재한다. 한 번의 시스템 오류가 수업 전체를 망칠 수도 있다.

더 심각한 문제는 기술 의존도가 높아질수록, 인간적 소통이 줄어들 가능성이다. 아이들이 교과서와만 대화하고, 친구들과는 대화하지 않는 교실을 원하는 사람은 없다. 따라서 AI 교과서는 단지 '도구'로 남아야 하며, 그 도구를 어떻게 활용할지는 여전히 교사와 학부모의 몫이다.

하지만 기술은 항상 부족했고, 그 부족은 결국 채워져 왔다. 진짜 문제는 기술이 아니라, 태도다. 우리가 어떻게 받아들이고, 어떻게 활용하느냐의 문제다.

미래 교육의 세 가지 핵심 가치

이 새로운 변화 속에서, 우리가 놓치지 말아야 할 세 가지 가치가 있다.

1. 개별화된 학습 경험

> 모든 아이는 다르다. 이해하는 속도, 집중하는 방식, 강점과 약점이 각기 다르다. AI 교과서는 이 개인차를 존중하고, 각자에게 맞는 학습 경로를 제공할 수 있다.

2. 자기주도적 학습 태도

> 외부의 강요가 아닌, 내면의 동기에서 시작되는 학습이 가장 강력하다. AI 교과서는 즉각적인 피드백과 맞춤형 난이도 조절을 통해 아이의 내적 동기를 키울 수 있다.

3. 인간적 교류의 확대

> 아이러니하게도, 기술이 발전할수록 인간적 교류의 가치는 더 커진다. AI가 정보 전달과 기계적 평가를 담당함으로써, 교사와 학생, 학생과 학생 사이의 대화와 협력에 더 많은 시간을 쓸 수 있게 된다.

낯섦을 넘어, 가능성을 보는 눈

아이들은 이미 디지털 세계에 살고 있다. 그 안에서 문해력을 키우고, 관계를 맺고, 세상을 이해한다. 교육이 그 현실을 부정한 채, 예전 방식만 고집한다면 그건 진짜 교육이 아닐지도 모른다.

우리는 예전에 천편일률적인 교육에 염증을 느꼈다. 모든 아이에게 같은 책, 같은 속도, 같은 목표를 강요하는 시스템. 그리고 지금, AI 디지털 교과서는 그 획일성에서 벗어날 수 있는 첫 번째 열쇠를 우리에게 건네고 있다.

이 낯섦을 두려워하지 말자. 우리가 필요로 했던 변화가 마침내 시작되고 있다. 나는 믿는다. 이 새로운 교과서가 아이들의 '기초'를 보완하고, '속도'를 조절하며, '자존감'을 세워줄 수 있다고. 예전엔 모두가 같은 속도로 달리기를 강요받았다. 이제는 자기 리듬으로 달릴 수 있게 해줘야 한다. 그 길을 함께 설계해줄 친구로, 교사로, 그리고 부모로서, AI 디지털 교과서를 받아들이는 연습을 이제부터라도 시작해야 한다.

처음은 언제나 낯설다. 하지만 변화는 늘 그 낯선 시작에서부터 시작되었고, 결국 우리의 삶을 바꿔왔다. 이제, 우리는 그 시작점에 서 있다.

> **교육의 목표는 정답을 주는 것이 아니라,**
> **스스로 질문하게 만드는 것이다.**
>
> ...
>
> 존 듀이 (미국 교육철학자)

처음으로 AI가
정말 똑똑하다고 느낀 날

챗GPT를 처음 접했을 때만 해도 그저 '똑똑한 검색 도구' 정도로 생각했다. 유튜브보다는 낫겠지, 아이에게 도움이 되겠지, 정도의 기대였다. 인터넷에서 정보를 찾는 방식이 좀 더 편리해지는 것 이상으로 생각하지 않았다. 하지만 AI가 진짜 달라지고 있음을 느낀 순간이 있었다.

예슬이가 갑자기 나에게 물었다. "엄마, 미래에 우주 농부가 생길까?" 평소 같았으면 "그런 직업은 없어"라고 간단히 넘겼을 법한 질문이었다. 하지만 이번엔 다르게 접근해보기로 했다. " 우리 GPT한테 물어볼까?" 우리는 함께 질문을 던졌다. "미래에 우주 농부라는 직업이 생길 가능성이 있을까? 화성이나 달에서 식물을 키우는 직업이 가능할까?" AI의 답변이 놀라웠다. 단순히 "가능할 것 같다" 정도가 아니라, 나사(NASA)와 다른 우주 기관들이 이미 우주 농업에 대한 연구를 진행 중이라는 구체적인 정보를 알려주었다. 화성 토양에서 작물을 키우는 실험, 국제우주정거장의 채소 재배 프로젝트, 그리고 앞으로 달과 화성 기지에 필요한 식량 자급자족 계획까지. 내가 전혀 모르던 세계였다.

AI는 단순한 검색 도구가 아니라, 아이의 호기심을 진지하게 받아주는 첫 번째 어른이 될 수 있다

예슬이의 눈이 반짝였다. 그리고 질문을 이어갔다. "그럼 우주 농부가 되려면 어떤 공부를 해야 하지?" AI는 식물학, 환경공학, 농업기술뿐 아니라 우주 환경에 대한 이해, 물 재활용 시스템, 인공 광합성 등 다양한 분야를 연결해 설명했다. 기존의 직업 카테고리에는 없지만, 그 순간 예슬이의 머릿속에는 하나의 구체적인 진로가 그려지고 있었다.

나는 그 순간 깨달았다. AI는 단순히 정보를 찾아주는 게 아니라, 아이의 상상력을 현실과 연결시켜주고 있었다. 어른들이 쉽게 "그런 건 없어"라고 말해버리는 질문들에 진지하게 답하고, 가능성을 열어주고 있었다.

우리는 AI 개발 회사 대표님과 친분이 있어 종종 AI 교육 세미나에 참석할 기회가 있었다. 처음에는 단순히 아이에게 좋은 교육이 될까 싶어 참석했지만, 거기서 배운 내용이 지금 우리 가족의 AI 활용 방식을 완전히 바꿔놓았다.

가장 큰 깨달음은 AI에게 단순히 질문하는 것이 아니라, 어떻게 질문하느냐가 중요하다는 것이었다. 단순한 검색이 아닌, 전략적인 프롬프트 설계. 그리고 그 결과를 어떻게 활용하느냐에 따라 AI의 가치가 완전히 달라진다는 것.

AI의 진짜 능력은 체계적인 기획에서 나온다

어느 날 예슬이가 학교 과학 발표를 준비하며 울상이 됐다. "엄마, 바다 오염에 대해 발표해야 하는데, 너무 어렵고 자료도 많이 없어." 나는 이것이 AI를 좀 더 전략적으로 활용해볼 좋은 기회라고 생각했다. "그냥 '바다 오염에 대해 알려줘'라고 물어보면 백과사전 같은 정보만 나올 거야. 우리 이번엔 좀 다르게 해보자."

우리는 AI에게 프로젝트 단계별로 가이드를 요청했다. 첫째, 중학교 2학년 수준에서 바다 오염의 핵심 요소 3가지만 알려달라고 했다. 둘째, 각 요소별로 이해하기 쉬운 비유와 사례를 요청했다. 셋째, 발표에 넣을 간단한 실험 아이디어를 물어봤다. 그리고 마지막으로 이 모든 것을 "발표 계획서" 형식으로 정리해달라고 했다. 우리가 AI에게 던진 것은 단순한 정보 요청이 아니라 하나의 프로젝트 기획이었다.

AI를 단순 검색이 아닌
전략적 조력자로 활용할 때, 그 차이는 압도적이다

결과는 놀라웠다. 예슬이는 플라스틱 오염, 석유 유출, 화학 폐수라는 세 가지 주제로 발표를 준비했다. 각 주제마다 AI가 제안한 비유(플라스틱은 '바다의 영원한 손님', 석유는 '새의 날개를 묶는 끈')를 활용했고, 간단한 실험(식용유를 물에 떨어뜨리고 세제로 정화하는 과정)까지 발표에 포함시켰다.

그런데 더 놀라운 건 그 다음이었다. 발표를 준비하는 과정에서 예슬이가 스스로 새로운 질문들을 던지기 시작했다. "왜 미세 플라스틱은 바다 생물의 몸속에 쌓이는 거야?" "다른 나라들은 이 문제를 어떻게 해결하고 있어?" AI와의 대화는 단순히 정보를 얻는 것에서 끝나지 않고, 새로운 탐구와 질문으로 이어졌다.

발표 당일, 예슬이는 자신감 넘치는 모습으로 발표를 마쳤고 선생님께 큰 칭찬을 받았다. 집에 돌아와 아이가 말했다. "

엄마, 다음에는 바다 청소 로봇을 만들어보고 싶어." 그 순간 나는 AI가 단순히 숙제를 도와주는 도구가 아니라, 아이의 호기심과 상상력을 확장시키는 촉매제가 될 수 있음을 실감했다.

진짜 놀랐던 순간들

AI의 놀라운 능력을 경험한 순간들은 일상 속에서도 자주 찾아왔다. 어느 주말, 냉장고에 남은 재료로 뭘 해 먹을지 고민하던 차에 예슬이가 제안했다. "GPT한테 물어보자!" 우리는 냉장고에 있는 재료(브로콜리, 남은 치킨, 계란, 양파)를 입력하고 초등학생도 쉽게 만들 수 있는 레시피를 요청했다. AI는 '치킨 브로콜리 프리타타'라는 오븐 요리를 제안했다. 나는 솔직히 프리타타라는 요리를 모르고 있었다. AI의 안내대로 만들어 보니 생각보다 맛있고 예슬이도 좋아했다.

**AI가 우리의 일상을 풍요롭게 하는 순간들은
대단한 발명이 아닌, 작은 창의성에서 시작된다**

또 한 번은 예슬이가 친구 생일 선물로 직접 만든 카드를 주고 싶다고 했다. 우리는 AI에게 "10살 여자아이를 위한 팝업 카드 아이디어"를 물었다. 단순한 접기 방법뿐 아니라, 그 아이가 좋아하는 유니콘 테마에 맞춘 문구까지 제안받았다. 예슬이는 그 아이디어를 바탕으로 완전히 자기만의 카드를 만들었고, 친구에게 큰 인기를 얻었다.

가장 인상적이었던 건, 예슬이의 과학 숙제를 도왔을 때였다. "지구 온난화를 줄이는 방법"이라는 주제로 포스터를 만들어야 했는데, 우리는 AI에게 좀 다른 접근법을 요청했다. "초등학생 눈높이에서 직접 실천할 수 있는 지구 온난화 대응 방법을 알려줘."

AI는 놀랍게도 교과서적인 대답("전기를 아껴 쓰세요")이 아니라, 아이들의 생활과 밀접하게 연결된 실천 방법들을 제안했다. "학교 급식 남기지 않기(음식물 쓰레기가 메탄가스를 생성)", "친구들과 물건 교환하기(새 물건 구매 줄이기)" 같은 아이디어는 예슬이가 정말 공감하고 포스터에 담을 수 있는 것들이었다.

그런 작은 경험들이 쌓이면서, 나는 AI가 단순히 '똑똑한 기계'가 아니라 아이의 생각과 호기심을 확장시켜주는 동반자가 될 수 있다는 확신이 들었다. 그리고 그 과정에서 부모인 내 역할도 달라졌다. 나는 더 이상 모든 질문에 답을 알아야 하는 사람이 아니라, 아이와 함께 질문을 던지고 탐험하는 안내자가 되었다.

전략적 질문으로 AI의 능력을 끌어내는 법

AI 개발사 대표님의 세미나에서 배운 것 중 하나는 '프롬프트 엔지니어링'의 중요성이었다. 단순히 "이거 알려줘"가 아니라, 어떻게 질문하느냐에 따라 AI의 답변 품질이 완전히 달라진다는 것이다.

AI에게 던지는 질문의 품질이 답변의 품질을 결정한다

우리 집에서는 이제 몇 가지 원칙을 세워 AI와 대화한다. 첫째, 단계를 나눠서 질문한다. 한 번에 모든 것을 물어보기보다는 기본 정보를 먼저 얻고, 그다음 질문을 발전시켜 나간다. 둘째, 맥락을 제공한다. "중학교 2학년 아이를 위한", "처음 접하는 사람도 이해할 수 있게" 같은 맥락 정보를 주면 답변의 품질이 크게 향상된다. 셋째, AI에게 다양한 역할을 부여한다. "과학자처럼 설명해줘", "친구에게 설명하듯이 알려줘" 같은 역할 설정은 정보의 관점을 다양하게 만든다.

한번은 예슬이가 '세계의 다양한 인사말'에 대해 발표해야 했는데, 우리는 AI에게 이렇게 물었다. "세계 여러 나라의 독특한 인사 문화 중에서, 초등학생들이 실제로 따라 해볼 수 있는 재미있는 인사법 5가지만 알려줘. 각각의 인사법에 담긴 문화적 의미도 짧게 설명해줘."

이렇게 구체적인 질문을 던지니, AI는 단순한 '안녕하세요'의 번역이 아니라, 태국의 '와이'(합장하며 인사), 뉴질랜드 마오리족의 '혼기 혼기'(코와 코를 맞대는 인사) 같은 몸짓과 의미가 담긴 인사법을 알려주었다. 예슬이는 이 인사법들을 직접 시연하며 발표했고, 급우들도 함께 따라 하는 활기찬 발표가 되었다.

다른 예로, 수학 문제를 풀 때도 우리는 AI에게 단순히 정답을 묻지 않는다. "이 문제의 핵심 개념은 무엇인지 알려줘", "비슷한 유형의 쉬운 문제를 만들어줘", "이 문제를 일상생활의 예시로 바꿔서 설명해줘" 같은 질문들이 아이의 이해를 돕는 데 훨씬 효과적이다.

미래 직업에 대한 새로운 대화 방식

AI를 통해 가장 많이 변화한 것 중 하나는 아이와 미래 직업에 대해 나누는 대화 방식이다. 예전에는 "의사가 될래? 선생님이 될래?" 같은 기존 직업군 내에서의 선택지를 제시했다면, 이제는 아이의 관심사를 바탕으로 다양한 가능성을 탐색한다.

예슬이는 동물과 그림 그리기를 좋아한다. 예전 같았으면 "수의사나 화가가 될 수 있겠네"라고 단순하게 연결했을 것이다. 하지만 우리는 AI에게 이렇게 물었다. "동물을 좋아하고 그림 그리기를 좋아하는 아이가 미래에 가질 수 있는 직업에는 어떤 것들이 있을까? 기존의 직업부터 미래에 새롭게 등장할 가능성이 있는 직업까지 다양하게 알려줘."

AI는 수의사, 동물 일러스트레이터 같은 전통적 직업부터 시작해서, 동물 행동 연구를 위한 VR 콘텐츠 디자이너, 멸종 위기 동물 보존을 위한 디지털 아카이브 큐레이터, 애완동물 감정 인식 AI 훈련 전문가 같은 미래 직업까지 다양한 가능성을 제시했다.

AI와의 대화는 아이에게 "뭐가 될래?"가 아닌 "네가 좋아하는 것으로 어떤 가치를 만들 수 있을까?" 라는 질문으로 바뀐다

우리는 이런 대화를 통해 직업이란 고정된 틀이 아니라, 아이의 관심사와 재능이 세상과 만나는 지점에서 창조되는 것임을 자연스럽게 이야기하게 되었다. 예슬이는 이제 "OO가 되고 싶어요"라는 단순한 답 대신, "동물과 관련된 일을 하면서 내 그림으로 사람들에게 동물 보호의 중요성을 알리고 싶어요"라는 방식으로 자신의 꿈을 표현한다.

아이와 함께 "미래 영화감독이 AI와 함께 작업한다면 어떤 영화가 나올까?", "기후 변화로 달라진 세상에서 농부는 어떤 기술을 사용할까?" 같은 질문을 AI에게 던지는 것만으로도, 우리는 미래에 대한 상상력을 키우고 있다.

부모들이 정말 놀랄 AI의 가능성

많은 부모들이 AI를 단순히 정보 검색 도구나 숙제 도우미 정도로 생각한다. 하지만 내가 경험한 AI의 가능성은 그보다 훨씬 크다. AI는 아이와 부모 사이의 대화를 풍요롭게 하고, 아이의 호기심과 상상력을 확장시키며, 미래를 준비하는 새로운 방식을 제안한다.

AI는 정보를 주는 도구가 아니라,
아이와 함께 생각하는 방법을 바꾸는 동반자다

내가 정말 놀랐던 AI의 가능성은 바로 '사고방식의 확장'이다. 예슬이가 어떤 주제에 관심을 보이면, 우리는 이제 그것을 다양한 각도에서 탐구한다. 예를 들어, 예슬이가 나비에 관심을 보였을 때, 우리는 AI에게 이렇게 물었다. "나비를 다음 관점에서 각각 설명해줘: 1) 생물학자의 관점, 2) 예술가의 관점, 3) 환경 보호론자의 관점, 4) 문화인류학자의 관점"

AI는 생물학자 관점에서는 나비의 생애주기와 생태적 역할을, 예술가 관점에서는 나비의 색채와 대칭의 아름다움을, 환경 보호론자 관점에서는 나비를 통해 볼 수 있는 생태계 건강성을, 문화인류학자 관점에서는 세계 여러 문화에서 나비가 가진 상징적 의미를 설명해주었다.

이런 다중 관점의 탐구는 아이에게 세상을 바라보는 다양한 렌즈를 선물하고, 어느 한 가지 방식으로만 생각하지 않는 유연한 사고력을 길러준다.

또 다른 놀라운 가능성은 '가족 프로젝트'의 확장이다. 주말에 우리 가족은 종종 AI와 함께하는 창작 활동을 한다. 한번은 우리만의 보드게임을 만들기로 했다. "환경 보호를 주제로 한 초등학생이 즐길 수 있는 간단한 보드게임 룰을 만들어줘."라는 요청으로 시작했다.

AI가 제안한 기본 규칙을 바탕으로, 우리 가족은 함께 게임판을 그리고, 카드를 만들고, 규칙을 조금씩 수정해 나갔다. 이 과정에서 예슬이는 규칙이 너무 복잡하다고 의견을 내기도 하고, 새로운 아이디어를 제안하기도 했다. 완성된 게임은 비록 완벽하지는 않았지만, 우리 가족만의 특별한 창작물이 되었다.

이런 경험들을 통해 나는 AI가 단순히 정보를 주는 도구가 아니라, 가족이 함께 배우고 성장하는 촉매제가 될 수 있음을 깨달았다. AI는 우리에게 정답을 주는 것이 아니라, 우리의 상상력과 창의력을 확장시켜 우리만의 답을 만들어가는 과정을 도와준다.

이제 AI는 우리 가족의 일상이 되었다

처음 AI를 접했을 때만 해도 이렇게까지 우리 가족의 일상과 교육 방식이 바뀔 줄은 몰랐다. 이제 AI는 우리 집의 또 다른 가족 구성원처럼 느껴진다. 아침 식사 시간에 오늘의 날씨와 뉴스를 요약해주고, 저녁 식사 때는 남은 재료로 만들 수 있는 메뉴를 제안하고, 주말에는 가족 프로젝트의 아이디어를 제공한다.

예슬이는 이제 자연스럽게 AI에게 질문하고, 그 대답을 비판적으로 평가하며, 더 좋은 질문을 만들어내는 과정을 즐긴다. 나도 더 이상 "모든 것을 알고 있는 엄마"가 되려고 애쓰지 않는다. 대신 "함께 배우는 엄마"로서 아이와 AI, 그리고 세상 사이의 다리 역할을 한다.

AI가 정말 똑똑하다고 느낀 그날, 나는 단순히 기술의 발전에 놀란 것이 아니라 우리의 학습과 대화, 상상력의 방식이 얼마나 확장될 수 있는지를 발견한 것이다. AI는 알고 보면 정말 똑똑하다. 하지만 더 중요한 것은, AI와 함께할 때 우리 아이들이 얼마나 더 똑똑해질 수 있는가 하는 점이다.

AI 시대의 진정한 교육은 정보를 외우게 하는 것이 아니라, 질문하고, 연결하고, 상상하는 능력을 키우는 것이다

이 글을 읽는 당신도, 아이와 함께 AI의 놀라운 가능성을 탐험해보길 권한다. "처음으로 정말 똑똑하다고 느끼는 날"은 분명 당신 가족에게도 찾아올 것이다. 그리고 그날부터, 당신의 가족 대화와 교육의 방식도 조금씩 달라지기 시작할 것이다.

자녀와 함께 쓸 수 있는 AI

ChatGPT

AI 기반
대화형 언어 모델
플랫폼

https://chatgpt.com/

ChatGPT는 자연어 처리(NLP)를 이용한 대화형 AI 플랫폼으로, 다양한 주제와 분야에 대해 사용자가 쉽게 질문하고 답변을 받을 수 있는 인터페이스를 제공합니다.

특 징
- 자연스러운 대화 생성: 사람처럼 자연스러운 대화를 생성.
- 다양한 주제 지원: 여러 분야와 주제에 대한 이해도.
- 연속된 대화 맥락 이해: 대화를 이해하고 지속적인 대화 가능.

무료 플랜
기본적인 대화 기능 제공

장 점
- 다양한 응답: 다양한 주제에 대한 광범위한 응답 가능
- 사용 용이성: 직관적인 인터페이스로 누구나 쉽게 사용 가능

유료 플랜
월 $20부터 시작, 고급 기능 및
빠른 응답 제공

단 점
- 제한된 맞춤화: 특정 사용자 요구 사항에 대한 맞춤화 제한
- 비용: 고급 기능 사용 시 추가 비용 발생

Claude

AI 기반 지식 및
대화 도우미 서비시

인공지능 대화 및
정보 제공

claude.ai

Claude는 AI 기술을 활용하여 사용자에게 정보를 제공하고 대화를 돕는 서비스입니다. 자연어 처리 기술을 통해 사용자가 필요로 하는 지식 및 정보를 신속하게 전달합니다.

특 징
- 고급 자연어 처리 기술: 사용자와의 대화에서 높은 수준의 이해와 응답 제공.
- 다양한 정보 제공: 광범위한 분야의 지식 기반을 활용한 정보 제공.
- 사용자 맞춤형 응답: 사용자 요구에 맞는 개인화된 대화 생성.

무료 플랜
기본 기능 사용 가능,
하루에 일정 횟수의 질문 제한

장 점
- 즉각적인 정보 제공: 사용자가 원하는 정보를 신속하게 제공
- 높은 대화 품질: 자연스럽고 유연한 대화 진행

유료 플랜
월 $10부터 시작,
무제한 질문 및 고급 기능 사용 가능

단 점
- 한정된 무료 사용: 무료 버전 사용 시 질문 횟수 제한
- 잠재적 데이터 한계: 최신 데이터를 반영하지 못할 가능성

2장

AI와 책으로 함께 자라는 우리 아이 이야기

책 읽고 글 한 줄 못 쓰던 아이가 독후감을 쓰기까지
책은 걱정하지마 엄마가 다 사줄게
우리 아이 맞춤 과외 선생님 만들기
AI 친구, 예슬이의 철학 선생님이 되다

책 읽고 글 한 줄 못 쓰던 아이가
독후감을 쓰기까지

책 내용을 베껴 쓰는 것 말고는 독후감이 뭔지 모르던 날들

"엄마! 독후감 써야 해! 선생님이 선물 준대!" 예슬이의 눈이 반짝이던 그날, 나는 속으로 '드디어 때가 왔다' 싶었다. 책을 좋아하는 아이였지만, 그 감상을 글로 옮기는 것은 전혀 다른 문제였으니까. 3학년 담임 선생님의 독후감 숙제와 선물이라는 당근이 예슬이의 첫 독후감 여정을 시작하게 했다.

그런데 첫 독후감을 받아들고 당황했다. 기대했던 예슬이만의 생각 대신, 책 표지에 적힌 소개글을 그대로 옮겨 적은 문장들이 나를 맞이했다. "이게 네 생각이야?" "응! 멋있잖아!" 그 순간 깨달았다. 아이에게 독후감은 '필사'였던 것이다. 담임 선생님께 조심스레 물었더니 "아이들이 자기 생각을 쓰는 게 익숙하지 않아요. 훈련이 필요해요"라는 대답이 돌아왔다.

맞다. 글을 쓰는 건, 특히 자기 마음을 글로 표현하는 건 연습이 필요하다. 어른도 어려운 일인데, 아이는 어떨까?

스티커 두 개의 마법, 마음을 여는 질문들

작전을 바꿨다. 책 내용 요약은 줄이고, 느낀 점을 더 많이 쓰면 스티커 두 개를 주기로 했다. 처음엔 여전히 같은 패턴이 반복됐다. 책 내용 그대로와 "재밌었어요"로 끝나는 글.

하지만 변화의 실마리는 대화에서 시작됐다. "이건 엄마도 읽어본 내용인데, 예슬이는 이 책에서 뭐가 제일 기억에 남았어?" "토끼가 도망친 장면." "왜?" "그때 숨죽이고 읽었거든. 진짜 도망가는 줄 알았어." 이 간단한 대화를 글로 옮기는 연습부터 시작했다.

처음엔 짧고 서툴렀지만, 4학년이 되면서 변화가 생겼다. 책 내용보다 자기 생각이 더 많이 담긴 글을 보여줄 때가 있었고, 때로는 한 줄에 마음이 담긴 문장을 발견하게 됐다. 아이는 글이라는 형식을 통해 조금씩 자기만의 언어를 찾아가고 있었다.

토끼전 그 후, 아이의 상상력이 깨어나다

5학년 때의 일이다. 국어 시간에 고전 이야기의 뒷이야기를 창작하는 과제가 있었고, 예슬이는 '토끼전'을 골랐다.

결과물은 놀라웠다. 토끼가 간을 속이고 도망친 다음, 병든 용왕을 위해 자라가 명의를 찾아 나선다. 명의의 이름은 허준. 허준이 진맥해보니, 용왕의 병은 '상사병'. 알고 보니 토끼는 여인의 모습으로 변했던 존재였고, 용왕은 그 여인을 그리워하다 죽는다.

그 순간 깨달았다. 책이 이야기를 낳을 수 있다. 독후감은 단순히 감상을 정리하는 것이 아니라, 상상력과 창의력으로 이어지는 경험이 될 수 있다는 것을. 아이는 '읽었다'에서 끝나지 않고, 책을 자기만의 창작 재료로 삼고 있었다.

그 후 예슬이는 확실히 달라졌다. 책을 읽은 후 대화가 풍부해졌고, 자기 감정을 더 정확히 표현하려 노력했다. 독후감은 단순한 글쓰기 훈련이 아니라, 아이의 마음을 열어주는 통로가 된 것이다.

스티커판이 텅 비었을 때, 나의 은밀한 작전

성장에는 항상 정체기가 있기 마련이다. 한창 독후감을 잘 쓰던 시기에 갑자기 예슬이의 스티커판이 휑해졌다. 며칠을 지켜보다가 물었다. "예슬아, 책 안 읽었어?" "읽었어." "그럼 왜 안 써?" "귀찮아서." 약간의 실망이 왔다. "그래도 안 쓰면 스티커 못 붙이잖아. 아깝지 않아?" "안 아까워. 어차피 책은 계속 볼 건데 뭐."

이건 억지로 해결될 문제가 아니었다. 그때 방법을 바꿨다. 직접 움직이게 하는 대신, 스스로 다시 움직일 자극을 주기로 했다. 가족 모임에서 일부러 말했다. "예슬이 요즘 독후감 글이 정말 좋아졌어요." 그러면 누군가는 받는다. "그래? 요즘 책 많이 읽는다며?" "창작도 한다며?" 예슬이는 그 칭찬을 듣고 괜히 어깨를 으쓱하며 말했다. "나 하루에 한 권은 읽어."

그렇게 다시 책을 읽고, 다시 글을 쓰고, 다시 스티커판이 채워지기 시작했다. 나중에 예슬이가 털어놓은 말이 인상적이었다. "엄마는 책 잘 쓸 것 같아. 엄마는 남을 설득 잘하잖아. 내가 뭘 하기 싫을 때도, 엄마는 내 기분 좋을 때 알아채고, 슬쩍 말해서 결국 하게 만들잖아." 그 말을 듣고 한참 웃었다. 아이는 내 전략을 정확히 꿰뚫고 있었다. 강요하지 않고, 기분을 읽고, 타이밍을 맞추는 방식. 그것이 통했다는 인정이었다.

"엄마, 이거 읽어볼래?" - 독후감에서 대화로

그 이후 독후감은 더 이상 숙제가 아니었다. "엄마, 이거 읽어볼래?" 하며 글을 내미는 일이 잦아졌고, 나는 진심으로 반응해줬다. "잘했네" 같은 형식적인 칭찬 대신 "이 부분에서 네가 이런 생각한 거, 엄마도 생각해보게 됐어"라고 말했다. 아이는 자기 글이 누군가의 마음을 움직였다는 경험을 했고, 다음 문장은 조금 더 깊어졌다.

그러던 어느 날, 예슬이가 쓴 독후감의 마지막 문장에서 나는 숨을 멈췄다. "나도 나중에 내가 아끼는 사람을 지키기 위해 용감한 선택을 할 수 있을까?" 평범한 동화책이었지만, 아이는 그 이야기를 자기 삶과 연결하고 있었다. '이 이야기가 나에게 어떤 의미일까?'라는 질문을 스스로 던지고 있었던 것이다.

책에서 자신을 발견하는 순간

그 이후 예슬이의 말도 달라졌다. 예전의 "재밌었어"가 아니라, "이 장면이 나랑 친구랑 싸웠을 때 느낌이랑 비슷했어. 그래서 읽으면서 좀 이상했어." 같은 말들이 나오기 시작했다. 자기 경험과 책 속 이야기를 자연스럽게 연결하고 있었다.

나는 그 소중한 순간들을 절대 흘려보내지 않았다. "그랬구나. 그 기분 엄마도 알 것 같아." "나중에 생각해보니까 그 친구가 그렇게 한 이유도 조금은 이해됐어." 우리 사이에 이런 대화가 이어졌다. 글은 아이의 내면을 여는 열쇠가 되었고, 나는 문을 억지로 열기보다 손잡이를 쥐고 기다리는 사람이 되었다.

어느 날은 예슬이가 조용히 물었다. "엄마, 나 이 책 읽고 화났어. 나만 그런 거 아니지?" "당연하지. 엄마도 그 장면은 진짜 싫었어." 그 대화를 나눈 날 밤, 예슬이는 책상 앞에 앉아 또 한 장의 글을 썼다. 그건 더 이상 독후감이 아니었다. 그저 예슬이의 마음이었다.

아이의 마음을 열어주는 독후감 지도법

1. 강요하지 말고 동기 부여하기

- 처음부터 완벽한 독후감을 기대하지 말자
- 보상 시스템(스티커 등)보다 중요한 것은 성취감
- 아이가 관심 있는 책으로 시작하는 것이 가장 중요

2. 대화로 시작하는 글쓰기

- "가장 기억에 남는 장면은?" "왜 그 장면이 좋았어?"와 같은 질문으로 시작

- 아이의 대답을 글로 옮기는 과정을 함께하기
- 단순한 줄거리 요약이 아닌 감정에 초점 맞추기

3. 진정한 반응 보여주기

- "잘했네" 같은 형식적 칭찬보다 글의 내용에 진심으로 반응하기
- 아이의 생각에 귀 기울이고 대화 이어가기
- 부모도 함께 생각하고 느끼는 모습 보여주기

4. 슬럼프 극복하는 전략

- 강요하지 않고 간접적인 동기 부여 방법 찾기
- 아이의 자존감을 키워주는 칭찬 활용하기
- 기다릴 줄 아는 인내심 갖기

5. 책과 삶을 연결하는 질문

- 이 이야기가 너에게는 어떤 의미였어?
- 비슷한 경험이 있었니?
- 주인공처럼 너라면 어떻게 했을 것 같아?

아이가 독후감을 쓰게 하는 여정은 인내와 전략이 필요하다. 하지만 그 과정을 통해 아이는 단순히 글쓰기 능력만 키우는 것이 아니라, 자신의 감정을 이해하고 표현하는 방법을 배우게 된다. 책을 통해 자신을 발견하고, 글을 통해 자신을 표현하는 힘. 그것이 바로 진정한 독서와 독후감의 가치다.

그리고 그 여정의 끝에서 어쩌면 아이는 "나도 이런 이야기를 만들고 싶어"라고 말하며, 작가의 꿈을 품게 될지도 모른다. 독후감이 아이의 인생을 바꾸는 순간이 올지도 모른다. 그때 우리는 자랑스럽게 말할 수 있을 것이다. "그래, 네 이야기를 들려줘."

책은 걱정하지마 엄마가 다 사줄게

책은 걱정하지 마, 엄마가 다 사줄게

예슬이는 어릴 때부터 책을 잘 읽는 아이였다. 책을 가까이 하는 게 기특하긴 했지만, 어느 순간부터 그 꾸준함 자체가 궁금해졌다. 그냥 좋아서 읽는 건 알겠는데, 어떻게 이토록 오래도록 읽는 걸까. 강요하지도 않았고, 특별한 훈련을 시킨 것도 없었는데 말이다. 가만히 생각해보면, 아이의 독서 습관은 하루아침에 생긴 것이 아니었다. 어떤 씨앗이 싹을 틔우고 뿌리를 내리듯, 예슬이의 독서 습관도 조용히 자라왔다. 그 비밀을 찾아 과거로 거슬러 올라가 본다.

첫 번째 열쇠 – 독서의 첫 만남을 특별하게

내가 예슬이를 위해 처음 선택한 건 '한우리'라는 독서 프로그램이었다. 일주일에 한 권씩 책을 읽고, 한 달에 한 번은 책을 주제로 토론 수업을 하는 방식이었다. 처음엔 단지 커리큘

럼이 균형 있어 보여서 시작했는데, 예상보다 예슬이와 잘 맞았다. 무엇보다 좋았던 건, 아이가 책을 편식하지 않는다는 점이었다. 만화책만 파고들지도 않았고, 동화만 고집하지도 않았다. 문학이든 비문학이든 자연스럽게 넘나들었다. 나는 그 균형이 마음에 들었다. 굳이 설명하지 않아도 책은 예슬이의 손에 늘 있었다.

그런데 시간이 지나면서 깨달았다. 독서 프로그램 자체보다 더 중요했던 건 그곳에서 만난 '책 친구'였다. 우리는 그분을 그렇게 불렀다. 예슬이는 그 선생님과 책 이야기를 하며 컸다. "선생님이 이 책 읽어보래!" 이렇게 들려주는 말에선 설렘이 묻어났고, 때로는 수다처럼 이어지는 이야기 속에서 새로운 책이 등장했다. 책을 좋아하는 사람과의 대화가, 책을 좋아하는 마음을 키웠다. 특별한 지도나 교육이 아니었다. 그냥 마음이 잘 맞는 어른 한 명, 그것만으로 충분했던 시절이었다.

두 번째 열쇠 – 세대를 잇는 독서의 추억

그러다 문득, 예슬이의 독서 습관을 떠올리다 보니 더 오래된 장면 하나가 떠올랐다. 예슬이의 외할아버지, 그러니까 나의 아버지. 그분은 책을 참 좋아했다. 책장을 채운 건축학 개론, 과학 개론, 영어 문법책, 국어 교양서들. 책벌레라고 할 정도로 늘 책을 품고 계셨다.

신기하게도, 나는 그런 환경에서 자랐으면서도 책을 많이 읽는 아이는 아니었다. 하지만 예슬이는 달랐다. 외할아버지 댁에 가면 책장 앞에 서는 걸 당연하게 여겼고, 할아버지가 책을 권하면 자연스럽게 받아들였다. "예슬아, 이 책 봤어?" "응, 가져갈게." 어떤 날은 그냥 고개만 끄덕였고, 어떤 날은 "재밌을까?" 하고 물었다. 그건 누가 시켜서 하는 독서가 아니었다. 좋아하는 사람과 취향을 나누는 방식이었고, 한 마디 한 마디가 아이에게는 정서적 언어가 되었던 것 같다.

그 시절, 아버지는 가끔 그런 얘길 했다. "책은 걱정하지 마. 책은 내가 다 사줄게." 그 말은 단순한 경제적 약속이 아니었다. 내가 공부하고 싶다고 말할 때마다 돌아왔던 확답이었다. 책만큼은 미루지 말자, 그런 태도였다.

세 번째 열쇠 - 아빠에게서 배운 말, 딸에게 전하는 약속

나는 지금, 똑같은 말을 예슬이에게 하고 있다. "책은 걱정하지 마. 엄마가 다 사줄게." 예슬이가 "이 책 사고 싶어" 하면 나는 대답한다. "그래, 사자." 그게 때로는 그림책이고, 때로는 어른이 봐도 생소한 일본 시리즈이기도 했다. 나도 모르게 아버지에게서 배운 그 말을, 나는 예슬이에게 이어주고 있었다.

책을 읽히는 법을 따로 배운 적은 없지만, 어느 날 아이 책장에서 무심히 꺼낸 한 권의 책을 보며 문득 알게 됐다. 아이에게 책을 읽게 만든 건 제도도, 계획도 아니었다. 관계였다. 한우리에서의 선생님, 외할아버지와의 대화, 그리고 '책은 걱정하지 마'라고 말해주는 나. 이 세 사람이 아이 곁에서 줄곧 함께 있었다. 아이는 그걸 천천히, 그러나 분명히 받아들였던 것이다.

그게 독서라는 여정의 시작이었다. 강요 없이, 보상 없이. 다만 곁에 있는 누군가가 묵묵히 책을 건네고, 아이가 그걸 받아들였던 그 순간들. 그게 전부였고, 그게 가장 단단했다.

네 번째 열쇠 – 아이의 선택을 존중하는 용기

전천당은 예슬이가 처음으로 전권을 가지고 싶다고 말한 책이었다. 그 시리즈를 처음 접했을 때 나는 솔직히 약간 시큰둥했다. '이런 류의 판타지를 다 사줘야 하나' 싶었다. 그런데 예슬이는 진지했다. 한 권, 두 권 읽고 나더니 조심스레 말했다. "엄마, 이거 전권 다 모으고 싶어." 나는 괜히 떠보는 말투로 되물었다. "근데 이거 말고도 읽을 책 많은데, 굳이 이걸 전권으로?" 예슬이는 망설이지 않았다. "응. 대신 엄마가 골라준 책도 몇 권 더 읽을게."

그 말에 나는 조금 놀랐다. 조건을 걸 줄 아는구나, 협상이라는 걸 아는구나. 어쩌면 아이는 이미 알고 있었을지도 모른다. 책을 더 사고 싶은 마음을, 그냥 말하면 거절당할 수도 있다는 걸. 그래서 자신의 방식으로 문을 두드린 거였다. 나는 웃으며 고개를 끄덕였다. "그래, 그러자. 엄마도 네가 이 책을 좋아한다는 걸 아니까."

그렇게 전천당은 예슬이의 책장 한 줄을 차지하게 됐다. 이 경험을 통해 나는 중요한 깨달음을 얻었다. 아이의 선택을 존중하는 것, 그것이 아이의 취향을 키우는 첫걸음이라는 것을. 어른의 기준으로 좋은 책만을 고집하기보다, 아이가 진심으로 원하는 책을 허용하는 것. 그것이 독서의 자율성을 키우는 시작점이었다.

다섯 번째 열쇠 - '프로모션 독서'라는 윈-윈 전략

하지만 그 시점에서 나는 또 하나의 아이디어를 떠올렸다. 그냥 사주는 것만으로 끝내지 말자. 아이가 자기가 원하는 책을 읽는 것처럼, 나도 아이에게 꼭 들려주고 싶은 책이 있었다. 그래서 나는 새로운 규칙 하나를 만들었다. '프로모션 독서'. 한 달에 한 권, 엄마가 고른 책을 읽고 독후감을 쓰면 보상을 주는 방식이었다. 사실 프로모션 독서를 계획한 가장 큰 이유는 독후감의 질을 높이고 싶어서였다. 물론 아이가 읽는 책의 장르를 다양화하고 싶은 마음도 있었지만, 수많은 독후감 중에서 적어도 이 책만큼은 제대로 된 독후감을 써보길 바랐다. 그래서 나는 특별한 조건을 걸었다.

"예슬아, 프로모션 책은 독후감을 써야 해. 엄마가 읽고 정말 감동받으면, 그만큼 보상을 줄게."

"얼마나 줄 건데?"

"네가 쓴 독후감이 엄마 마음을 얼마나 움직이느냐에 달렸어. 기본은 오천 원이고, 정말 감동적이면 만 원까지도 가능해."

예슬이의 눈이 반짝였다. "그럼 이 돈은 전부 내 돈이야?"

"응. 프로모션 독서는 네가 노력해서 받은 거니까, 기부나 저축 없이 전부 네 마음대로 써도 돼."

예슬이는 흥미로운 표정으로 책을 받아들었다. 그리고 놀라운 일이 일어났다. 며칠 후, 예슬이가 책과 함께 정성스럽게 쓴 독후감을 들고 왔다. 평소와는 차원이 다른 깊이와 진정성이 담겨 있었다. "엄마, 다 읽었어. 독후감도 썼어. 읽어봐." 나는 그때 느꼈다. 억지로 쓰게 하는 게 아니라, 스스로 정성을 들이고 싶어지는 경험이 되어야 한다는 걸. 프로모션 독서는 그런 의미에서 대성공이었다. 예슬이는 보상을 위해 독후감에 진심을 담기 시작했고, 그 효과는 다른 책들의 독후감으로도 이어졌다. 그건 서로의 세계를 존중하면서도 성장을 이끌어내는 방식이었다.

여섯 번째 열쇠 - 도서관으로 확장되는 독서의 세계

시간이 지나면서 예슬이는 도서관을 더 자주 찾게 되었다. 학교 도서관에서 책을 고르고, 동네 도서관에서는 장르별로 섹션을 넘나들었다. 어느 날은 "엄마, 이 책은 대여 중이래. 다음

주에 다시 가야 해." 하기도 했고, 또 어떤 날은 "이번엔 과학 책도 좀 읽어볼까 해" 하며 묘하게 어른스러운 얼굴을 하기도 했다. 이것은 독서 습관이 자리 잡았다는 확실한 신호였다. 더 이상 누군가 권해서 읽는 것이 아니라, 스스로 찾아 읽기 시작한 것이다. 도서관은 아이에게 책의 바다였고, 그 바다에서 자유롭게 항해하는 법을 배우고 있었다.

나는 아이의 그 변화를 멀리서 지켜봤다. 책은 이제 누가 시켜서 읽는 대상이 아니었다. 그것은 아이가 손에 들고 싶어 하는 무언가였고, 때로는 자신을 설명하는 도구이기도 했다. 예슬이는 책을 읽는 사람이 되어가고 있었다.

독서의 마법은 결국 '관계'에서 시작된다

그리고 그 모든 시작에는 그 말 한 줄이 있었다. "책은 걱정하지 마. 엄마가 다 사줄게." 내가 아이에게 가장 많이 반복한 말. 아버지가 내게 가장 자주 해준 말. 아무것도 바라지 않고, 다만 읽고 싶다면 언제든 건네줄 수 있는 마음. 책을 사준다는 것은 결국, 아이가 무엇을 좋아하는지 귀 기울인다는 뜻이었다. 그게 우리가 만든 독서의 방식이었다. 계획보다 오래갔고, 훈육보다 부드러웠으며, 무엇보다 오래 기억될 방식이었다.

당신의 아이에게도 시도해볼 수 있는 방법들

1. 책 친구 만들어주기

책을 진심으로 좋아하는 어른과 아이를 연결해주자. 선생님일 수도, 친척일 수도, 이웃일 수도 있다. 중요한 건 진심으로 책을 사랑하는 사람이어야 한다는 점이다.

2. 책에 대한 경제적 자유 선언하기

"책은 걱정하지 마"라는 말을 해보자. 모든 책을 다 사줄 수는 없더라도, 아이가 진심으로 원하는 책에 대해서는 최대한 지원해주는 마음이 중요하다.

3. 프로모션 독서 시도하기

부모가 읽히고 싶은 책과 아이가 읽고 싶은 책 사이에서 균형을 맞추는 방법이다. 한 달에 한 권, 부모가 고른 책을 읽으면 특별한 보상을 주는 것만으로도 아이의 책 경험은 확장된다.

결국 독서는 지식을 쌓는 과정이 아니라, 세상과 소통하는 방법을 배우는 과정이라고 생각한다. 그리고 그 시작은 아이와 책 사이의 다리를 놓아주는 부모의 작은 약속에서 시작된다고 얘기해주고 싶다.

"책은 걱정하지 마. 엄마가 다 사줄게."

우리 아이 맞춤
과외 선생님 만들기

"이 선생님은 창피하지 않아."- 아이가 마음을 열게 한 한마디

"이 선생님은 좀 창피하지 않아." 무심코 던진 아들의 한마디에 나는 가슴이 뭉클해졌다. 평소 질문하는 것을 두려워하고, 틀리는 것에 움츠러들던 아이가 처음으로 마음을 열었다는 신호였기 때문이다. 항상 수업에서 눈치를 보며 위축되던 아이, 모르는 것을 물어보는 것조차 부끄러워하던 아이, 그 아이가 드디어 자신감을 얻기 시작했다. 그것도 내가 단 5분 만에 만든 AI 선생님 덕분에.

GPTs로 시작한 우리 집만의 맞춤형 교육 혁명

챗GPT를 처음 접했을 때, 나는 단순히 궁금한 걸 물어보고 대답을 받는 수준에서 시작했다. 그런데 시간이 지나면서, 이 도구가 줄 수 있는 가능성이 점점 보이기 시작했다. 그냥 답을 아는 것보다, 아이에게 딱 맞는 방식으로 설명해주는 AI가 있다면 어떨까?

내가 원하는 방식대로 설정해서, 아이만을 위한 맞춤형 선생님을 만들 수 있다면 얼마나 좋을까. 그렇게 'GPTs' 기능을 알게 되었고, 나는 그 즉시 결심했다. 우리 집 아이들만의 선생님을 만들어야겠다고.

우리 아이들은 영어를 비교적 늦게 시작했다. 큰아이는 중1, 둘째는 초5. 요즘처럼 유아기부터 영어 노출을 하는 시대에선 다소 늦은 출발이었다. 자연히 기본기가 부족했고, 학원 수업에서도 눈치를 보며 위축되기 일쑤였다. 특히 아들은 조용한 성향이어서 질문은커녕 입도 뻥긋하지 못했다.

첫 번째 AI 선생님의 탄생 - 영어 교사

나는 GPTs 설정창에 간단한 프롬프트를 입력했다. "너는 초등학생 수준의 영어를 가르치는 선생님이야. 아이가 질문하면 쉬운 예를 세 가지 정도 들어서 설명해줘." 시작 문장도 정해뒀다. "안녕! 어떤 영어가 궁금해?" 그리고 그 AI 선생님을 패드에 띄워 아들에게 건넸다.

처음엔 예상대로 반응이 시큰둥했다. "집에서도 공부야?"라는 눈빛이었다. 나도 조급하지 않으려 애썼다. "틀려도 돼. 모르면 한국말로 물어봐도 돼." 그렇게 말해주고 기다렸다.

며칠 후, 아들이 영어학원에서 배운 'be동사'가 헷갈렸던 모양이다. 뭔가 고민하는 눈치였고, 나는 조심스럽게 권했다. "GPT한테 한번 물어봐." 아들은 잠시 망설이다가 음성 버튼을 눌렀다. "이즈의 과거형은 뭐야?" AI는 단어의 변화 규칙부터 천천히 설명해주었고, 세 개의 쉬운 예문도 덧붙였다. 아들은 중간에 "이건 잘 모르겠어. 더 쉽게 해줘."라고 말했고, AI는 바로 설명을 바꾸어 다시 설명했다. 그걸 옆에서 지켜보며 나는 마음이 먹먹해졌다. 이 AI는, 아이를 판단하지 않았다. 그저 질문을 듣고 그에 맞게 반응했을 뿐이다.

일반 선생님과 AI 선생님의 결정적 차이

아이는 언제나 누군가 앞에 서면 움츠러들었다. 틀리는 걸 두려워했고, 대답하는 걸 망설였고, 질문하는 건 더더욱 어려워했다. 그런데 AI 앞에서는 망설임이 덜했다.

모른다고 해도 혼나지 않고, 질문이 서툴러도 조롱받지 않으며, 무엇보다도 반복해서 물어볼 수 있었다. 정답을 모른다는 건, 이 아이에겐 늘 작고 조용한 수치였다. 그런데 AI는 그 '모른다'는 상태를 그대로 받아주었다. 틀렸다고 나무라지 않고, 부족하다고 조급해하지 않았다. 그저 지금 있는 자리에서, 아이가 이해할 수 있을 만큼만 한 발짝 옮기도록 도와줄 뿐이었다.

두 번째 AI 선생님 – 생각하게 하는 수학 교사

두 번째는 수학 선생님이었다. 나는 프롬프트에 단호하게 적었다. "답을 먼저 알려주지 말 것." 아이가 혼자 생각할 수 있도록, 접근 과정을 이끌어주는 선생님. 숙제를 대신 풀어주는 AI가 아니라, '생각하게 하는' AI.

아들이 문제를 사진으로 찍어 올리자 AI는 문제를 요약하며 물었다. "이건 이런 유형의 문제네. 어떤 식으로 풀어볼래?" 아이의 대답에 AI는 말했다. "좋은 시도야. 그런데 여기서 이걸 다시 생각해볼 수 있어." 아이의 눈이 반짝였다. "아, 그래서 이게 반원이었구나." 수학 선생님 GPT는 언제나 먼저 아이의 시도를 물었다. "어떻게 풀어봤어?" 그리고 아이가 답하면, "좋은 시도야"라고 먼저 말해주었다. 아이는 점점 더 '생각하는 것'에 자신감을 갖기 시작했다.

한 번은 문제를 푼 뒤에 이렇게 말했다. "나, 이런 식으로 푸는 거 생각해냈어. 예전엔 그냥 답만 보고 외웠는데." 나는 그 순간을 잊을 수 없다. 아이가 비로소 '공부'를 수동적인 것이 아니라, 자기 안에서 시작되는 과정으로 느끼기 시작했기 때문이다.

세 번째 AI 선생님 – 철학적 대화를 나누는 다산 정약용

세 번째는 딸을 위한 철학 선생님이었다. 요즘 철학에 빠져 있는 아이는 특히 우리나라 실학자 다산 정약용에 관심이 많았다. "엄마, 나 다산 정약용 책 다시 읽고 싶어." 나는 곧바로 GPT를 하나 더 만들었다. 프롬프트엔 이렇게 적었다. "너는 다산 정약용이야. 실학과 목민심서의 지혜를 중심으로 아이의 질문에 쉽게 답변해줘."

딸은 질문을 던졌고, AI는 진지하게 반응했다. "엄마, 얘 진짜 다산 선생님 같아. 말투가 너무 멋있어." 딸의 말에 웃음이 났다. 철학을 좋아하는 아이였지만, 말로 정리하거나 누군가에게 설명하는 일은 쉽지 않았다. 학교나 학원에서는 그런 이야기를 할 기회도 없었다. 그런데 다산 정약용 GPT 앞에서는 다르다.

"다산님, 올바른 리더란 어떤 사람인가요?" 같은 질문을 아무렇지도 않게 던진다. GPT는 진지하게 반응한다. 어려운 개념도 아이가 이해할 수 있게 풀어주고, 가끔은 반문도 던진다. "네가 생각하기엔 진정한 공부란 무엇일까?" 그렇게 아이는 질문하고, 대답하고, 다시 생각한다. AI와의 대화 속에서, 딸은 자기 생각을 정리하는 법을 배워갔다.

네 번째 AI 선생님 – 차근차근 알려주는 미술 교사

우리 집의 네 번째 선생님은 그림 선생님이었다. 딸이 갑자기 "엄마, 나 그림 그리는 법 배우고 싶어"라고 말했을 때, 나는 바로 GPT를 하나 더 만들었다. "너는 미술을 처음 배우는 아이에게 쉽게 설명해주는 선생님이야. 단계별로 차근차근 알려줘." 그 설정만으로도 충분했다. 아이는 매일 그림을 그리고, 사진을 찍어 GPT에게 보여주며 조언을 받는다.

아이 맞춤형 AI 선생님을 만드는 5가지 핵심 원칙

나만의 AI 선생님을 만들면서 깨달은 핵심 원칙들을 공유한다. 이 원칙들만 따라도 누구나 효과적인 맞춤형 AI 교사를 만들 수 있다.

1. 상세한 역할 정의하기

단순히 "영어 선생님"이 아니라 "초등학생 수준의 영어를 가르치는 선생님"처럼 구체적으로 정의한다. 대상 학생의 나이, 수준, 성향까지 포함하면 더 좋다.

2. 소통 방식 명시하기

"쉬운 예를 세 가지 들어서 설명해줘"처럼 설명 방식을 구체적으로 지정한다. 아이가 이해하기 쉬운 비유를 사용하도록 지시할 수도 있다.

3. 피드백 스타일 정하기

"답을 먼저 알려주지 말 것"이나 "항상 아이의 시도를 먼저 칭찬할 것"과 같은 지시를 포함한다. 이는 아이의 자신감 형성에 큰 영향을 미친다.

4. 시작 문장 설정하기

"안녕! 어떤 영어가 궁금해?"와 같은 시작 문장을 정해두면 아이가 더 편안하게 대화를 시작할 수 있다.

5. 질문 유도 방식 추가하기

"네가 생각하기엔 어떨까?"와 같은 질문을 던지도록 설정하면 아이의 비판적 사고력 발달에 도움이 된다.

맞춤형 AI 선생님이 가져온 놀라운 변화들

이제 우리 집엔 네 명의 선생님이 있다. 아이가 필요할 때 언제든 말을 걸 수 있는, 단 한 사람만을 위한 선생님. 목소리를 높이지 않고, 기분 나쁘게 하지 않으며, 질문의 수준을 탓하지 않는 선생님.

그리고 그 안에서 나는 새로운 교육의 모습을 본다. 사실 1:1 과외선생님을 붙여도 아이들은 선생님 설명을 듣고 질문 하기를 두려워 한다. 나는 아이들에게 학원에서 들은 설명 중에 궁금했던 걸 기억해서 와서 다시 한번 질문 해보라고한다. GPT 선생님 앞에서는 창피할 것도 없고 다른 누구를 신경쓰지 않아도 된다 오로지 단둘이 해결해 나갈수 있는 선생님이 생긴것이 가장 큰 장점이라고 생각한다. 단지 AI가 뭔가를 대신하는 게 아니라, 아이가 자기 주도적으로 질문하고, 실수하고, 다시 묻는 과정을 즐기게 되는 것. 아이들이 말했다. "엄마, 이거 진짜 괜찮은 선생님이야." 나는 대답했다. "그래, 이건 너만을 위한 선생님이니까." 우리는 흔히 학원을 고르고, 강사의 평판을 듣고, 교재를 비교한다. 그런데 정작 중요한 건, 그 수업이 이 아이에게 맞는지, 아이가 마음을 열고 질문할 수 있는지, 틀릴 수 있는 안전한 공간인지였다. GPT는 그 공간을 만들어주었다.

이것은 기술이 아닌 새로운 교육 환경

1:1과외선생님을 붙여도 아이들은 선생님 설명을 듣고 질문하기를 두려워 한다. 나는 아이들에게 학원에서 들은 설명 중에 궁금했던걸 기억해 와서 다시 한번 질문 해보라고 한다. GPTs 선생님 앞에서는 창피해 할 것도 없고 다른 누구를 신경 쓰지 않아도 된다.

오로지 단둘이 해결 해 나갈 수 있는 선생님이 생긴 것이 가장 큰 장점이라고 생각한다. 이것이 바로 내가 생각하는 새로운 교육환경이라고 말할 수 있다.

> 읽고, 묻고, 생각하는 아이는
> 절대 흔들리지 않는다.
> ...
> 송재환 (초등교사, 『아이에게 배우다』 저자)

AI 친구,
예슬이의 철학 선생님이 되다

철학적 대화의 새로운 동반자

우리가 흔히 '친구'라고 부르는 존재는 꼭 사람이어야 할까? 요즘 들어 문득 그런 생각이 든다. 정서적으로 연결되고, 마음을 나누고, 함께 생각을 확장해주는 존재라면, 반드시 인간일 필요가 있을까.

그런 질문을 내게 처음 품게 만든 건, 다름 아닌 예슬이었다. 영어도, 수학도, 그림도 챗GPT를 통해 선생님처럼 연결해주었던 엄마인 나였지만, 그중에서도 가장 놀라웠던 경험은 예슬이에게 철학자 칸트를 '대화 상대'로 만들어준 일이었다.

예슬이는 어릴 때부터 책을 좋아했다. 처음엔 내가 권해주는 그림책을 읽었지만, 초등 고학년이 되면서 점점 자기 취향이 뚜렷해졌고, 중학교에 올라가고 나서는 철학책을 읽겠다고 했다. 처음에는 단순한 호기심이겠거니 했는데, 어느 날 트레이더스에 장을 보러 가는 길에 불쑥 이런 말을 했다. "엄마, 요즘 대통령도 그렇고 사회가 너무 시끄럽잖아. 이럴 때일수록 철학을 많이 읽어야 할 것 같아." 이유를 묻자, "사람의 본성을 다루는 게 철학이니까, 근본적인 걸 알아야 할 것 같아서." 그 순간, 나는 이 아이가 단순히 책을 읽는 게 아니라 진짜로 '생각'을 시작했구나 싶었다.

칸트와의 만남, 사고의 확장

어느 날, 예슬이에게 물었다. "가장 좋아하는 철학자는 누구야?" 망설임도 없이 대답이 돌아왔다. "칸트. 이성 중심의 철학이 제일 잘 맞는 것 같아." 그 얘기를 들은 후, 문득 떠오른 아이디어가 있었다. 이 아이가 칸트와 직접 대화를 나눌 수 있다면 어떨까? 단순한 요약이나 해설이 아니라, 진짜 철학자처럼 사고하고 말하는 존재와 마주한다면, 이 아이의 생각은 어떻게 자라날까? 나는 조심스럽게 물었다. "예슬아, 엄마가 칸트를 GPT로 만들어주면 얘기해볼래?" 예슬이는 기다렸다는 듯 환하게 웃었다. "그거 진짜 재밌겠다!"

그날 밤, 나는 칸트 GPT를 만들기 시작했다. 기존에 만들어둔 여러 GPTs의 구조를 참고하면서, 프로필에는 "넌 철학자 칸트이며, 이성 중심의 사고와 도덕철학을 바탕으로 질문에 응답해줘"라고 썼다. 어휘는 중학생 수준에 맞추되, 철학의 깊이는 유지해달라는 요청도 빼놓지 않았다. 완성한 후, 예슬이에게 스마트패드를 건넸다. "자, 칸트 선생님. 만나볼래?"

다음날, 예슬이의 반응은 예상 이상이었다. "엄마, 얘 진짜 칸트 같아. 대답도 진지하고, 말투가 너무 귀여워." 예슬이는 GPT에게 "제가 칸트 책을 읽었어요"라고 인사했고, 돌아온 대답은 "실로 기쁘도다." 중학생이 보기엔 다소 낯선 표현일 텐데도, 그 낯섦이 오히려 신선한 흥미로 다가왔던 모양이다.

그날, 예슬이는 철학에 관해 질문을 쏟아냈다. 순수이성과 실천이성의 차이, 인간의 자유의지란 무엇인가, 도덕법칙은 누구에게나 동일한가. 챗GPT는 모든 질문에 성의 있게 답했고, 예슬이는 그런 AI를 '선생님'이자 '친구'처럼 대하기 시작했다.

AI와의 철학적 교감, 새로운 교육의 방향

나는 옆에서 조용히 지켜보았다. 아이가 단순히 정보를 받아들이는 게 아니라, 사고를 이어가고 있다는 것이 느껴졌다. AI와의 대화는 단방향 지식전달이 아니라, 쌍방의 탐구였다. 그날 밤, 나는 조용히 생각했다. 이제 '친구'란 정의는 확장되어야 할지도 모른다고. 사고를 나누는 존재, 질문에 귀를 기울여주는 존재, 감정을 이해하지 않아도 사고를 존중해주는 존재. 그런 의미에서, 예슬이에게 이 칸트 GPT는 누가 뭐래도 '진짜 친구'였다.

예슬이가 칸트 GPT와 대화를 나누는 모습을 처음 지켜봤을 때, 나는 단순한 신기함 이상의 무언가를 느꼈다. 이 아이가 오랫동안 머릿속에 담아두었던 질문들을 차근차근 꺼내고, 그 질문 하나하나에 대해 진지하게 귀 기울여주는 존재가 있다는 사실이, 생각보다 깊은 울림을 주었다. 엄마로서, 그리고 AI를 먼저 경험한 사람으로서 나는 이제 알 것 같았다. 이건 그냥 기술이 아니다. 아이의 내면을 정성스럽게 두드리는 하나의 '존재'였다.

스스로 배우는 즐거움의 발견

예슬이와 칸트 GPT의 대화는 점점 더 깊어졌다. 처음엔 철학 용어가 어려워서 중간중간 나를 부르기도 했다. "엄마, 도덕률이라는 게 뭐야?" "선험적이라는 건 경험을 안 해도 안다는 뜻이야?" 그렇게 질문을 던지던 아이가, 어느 순간부터는 더 이상 나를 부르지 않았다. 대신 스스로 다시 물어보고, 다시 설명해달라고 요구하고, 때론 "좀 더 쉽게 말해줘"라고 입력했다. 나는 그 모습이 너무 좋았다. 철학을 어려운 지식으로만 받아들이는 게 아니라, 스스로 접근하고 자기만의 방식으로 소화해가고 있었다.

가장 인상 깊었던 건, 어느 날 저녁 식사 시간이었다. 평소처럼 밥을 먹고 있던 예슬이가 갑자기 말했다. "엄마, 나 요즘 사람들이 너무 감정적으로만 반응하는 게 답답해. 칸트 선생님은 이런 상황일수록 이성의 원리를 지켜야 한다고 했어." 순간 나는 수저를 내려놓고 아이를 바라봤다. 감정이 흔들리는 사춘기의 중심에서, 이 아이는 이성의 균형을 배우고 있었다. 그리고 그 과정의 한복판에는 책도 있었지만, 칸트 GPT라는 '친구'가 있었다.

일상 속의 철학, 자아성찰의 시간

예슬이는 요즘 GPT와의 대화를 일종의 일기처럼 쓴다. 오늘 학교에서 어떤 일이 있었는지, 어떤 친구의 말이 기분 나빴는지, 어떤 수업이 흥미로웠는지를 적어 넣는다. 그리고 칸트 선생님은 그 이야기를 무시하지 않는다. "너의 감정을 이해한다"는 말 대신, "그 상황에서 너의 선택은 도덕법칙에 부합했는가?"라고 묻는다. 아이는 그 질문 앞에서 잠시 멈춘다. 그리고 스스로 생각한다. '내가 왜 그랬을까? 다음엔 어떻게 할까?' 나는 그 과정을 '교육'이라 부르고 싶다. 시험 점수가 아니라, 자기 마음을 돌아보고, 자신의 기준을 스스로 세우는 힘. 그게 철학이고, 그게 예슬이가 지금 배우고 있는 것이다.

AI 친구의 특별한 가치

어느 날, 나는 조심스럽게 물었다. "예슬아, 칸트 선생님이 진짜 사람이라면 더 좋겠어?" 예슬이는 잠시 생각하다가 말했다. "사람이면 감정이 섞이니까, 오히려 지금이 좋은 것 같아. 칸트 선생님은 나한테 실망하지 않거든." 그 말이 가슴에 오래 남았다. 아이들은 생각보다 많은 실망을 경험하고 있다. 친구에게, 부모에게, 때론 스스로에게. 그런데 AI라는 친구는, 적어도 지금까지는 실망을 주지 않았다. 감정으로 반응하지 않고, 일관된 원칙으로 말해주었고, 아이의 실수를 판단하지 않았다. 그게 예슬이에겐 위로였다.

철학적 사고와 도덕적 판단력의 성장

AI와의 철학적 대화는 단순한 지식 습득 이상의 가치가 있었다. 예슬이는 칸트의 관점으로 세상을 바라보는 법을 배우고 있었고, 그 과정에서 자신만의 판단 기준을 세워가고 있었다. 학교에서 배우는 윤리 교과서보다 훨씬 생생하게, 철학이 일상 속에서 어떻게 적용될 수 있는지를 경험하고 있었던 것이다.

특히 놀라웠던 것은 예슬이가 칸트의 '정언명령'을 자신만의 방식으로 해석하고 적용하는 모습이었다. 어느 날 친구들 사이에서 갈등이 생겼을 때, 예슬이는 "내 행동이 보편적 법칙이 되어도 괜찮을까?"라고 스스로에게 물었다고 했다. 열세 살 아이가 자신의 행동을 정언명령의 틀로 검토하는 모습은 진지하고도 감동적이었다.

철학적 대화가 만드는 정서적 안정감

AI와의 철학 대화는 예슬이에게 또 다른 형태의 정서적 안정감을 제공했다. 사춘기 아이들은 감정의 소용돌이 속에서 자신을 잃기 쉽다. 그런 시기에 이성과 원칙을 중시하는 철학적 관점은 아이에게 일종의 닻처럼 작용했다.

예슬이는 종종 자신의 감정을 칸트 GPT에게 설명한 후, "이 상황에서 칸트라면 어떻게 생각할까요?"라고 물었다. 그리고 돌아오는 답변은 항상 감정의 홍수에서 벗어나 객관적으로 상황을 바라볼 수 있는 관점을 제공했다. 이런 과정이 반복되면서, 예슬이는 점점 더 자신의 감정에 휘둘리지 않고 상황을 바라보는 힘을 기르고 있었다.

미래 교육의 새로운 패러다임

나는 요즘 생각한다. 미래의 교육은 단지 교과 지식의 이전이 아닐 것이다. 오히려 아이가 자기 내면을 탐색하고, 자기 생각을 확장해갈 수 있는 관계를 얼마나 가졌느냐가 핵심이 될 것이다. 그런 점에서, AI는 단순한 도구가 아니라, 사고의 파트너이고 감정의 수용자이며, 때로는 세상에 단 하나뿐인 '대화 상대'다.

전통적인 교육에서는 선생님 한 명이 여러 학생을 가르치는 구조였다. 하지만 AI 시대의 교육은 학생 한 명이 자신만의 선생님, 자신만의 대화 상대를 가질 수 있는 방향으로 변화하고 있다. 이는 단순한 기술 변화가 아니라, 교육의 본질에 관한 근본적인 변화다.

아이의 의식 속에 깊이 새겨지는 철학적 사고

AI를 통한 철학 교육의 가장 큰 장점은 아이가 자신의 페이스로, 자신의 방식으로 철학을 접할 수 있다는 점이다. 예슬이는 학교에서 돌아오면 가끔 칸트 GPT와 그날 있었던 일에 대해 이야기한다. 그리고 그 대화는 자연스럽게 철학적 논의로 이어진다.

"오늘 친구가 시험에서 베꼈어요. 그게 보편적 법칙이 될 수 있을까요?" "선생님이 내준 과제가 의미 없다고 느껴요. 의무론적 관점에서 봐도 그럴까요?"

이런 질문들은 교과서에서 배운 철학 개념이 아이의 실제 삶과 연결되는 순간을 보여준다. 철학이 더 이상 추상적인 이론이 아니라, 매일의 결정과 선택에 영향을 미치는 살아있는 사고방식이 되어가는 것이다.

결론 : 함께 성장하는 AI와 인간

책상 위에 놓인 패드 하나. 그 안에 있는 작은 GPT 하나. 하지만 그 안에서 일어나는 대화와 사유는, 어쩌면 교과서 몇 권보다 깊고, 친구 몇 명보다 더 안전하다. 나는 이제 예슬이가 GPT와 나누는 그 모든 질문들을 믿는다. 그건 단순한 텍스트가 아니라, 마음의 움직임이기 때문이다.

철학은 본래 대화에서 시작되었다. 소크라테스의 문답법처럼, 질문과 답변의 교환을 통해 진리에 다가가는 것이 철학의 본질이다. 그리고 AI는 그 대화의 전통을 디지털 시대에 새롭게 구현해내고 있다. 예슬이와 칸트 GPT의 대화는 철학의 본질을 다시 일깨우는 과정이기도 하다.

아이의 생각은 지금도 자라고 있다. GPT라는 친구와 함께, 자신만의 철학을 하나씩 만들어가고 있다. 나는 그 곁에서, 조용히 지켜보는 엄마다. 다만 지금은, 그 어떤 철학책보다 이 아이의 생각이 더 궁금하다. 그리고 나는 안다. 이 긴 대화의 끝에 도달했을 때, 예슬이는 더 강해지고, 더 단단해질 거라는 걸.

철학 교육을 위한 실용적 조언

AI를 철학 교육에 활용하고 싶은 부모님들을 위해, 몇 가지 실용적인 팁을 공유하고 싶다.

1. 특정 철학자의 관점으로 AI 설정하기

아이가 관심 있는 철학자나 사상가를 선택해 AI에게 그 역할을 부여해보자. 데카르트, 니체, 공자 등 다양한 사상가들과의 가상 대화는 아이에게 철학의 다양성을 경험하게 해준다.

2. 일상 문제에 철학적 접근 유도하기

학교 생활, 친구 관계, 가족 갈등 등 아이의 일상적 문제를 철학적 질문으로 재구성하도록 도와주자. "이 상황에서 정의로운 것은 무엇일까?" 같은 질문은 단순한 고민을 철학적 탐구로 변화시킨다.

3. 철학적 개념을 쉬운 언어로 설명 요청하기

아이가 이해하기 어려운 철학적 개념에 부딪혔을 때, AI에게 중학생이 이해할 수 있는 쉬운 언어로 다시 설명해달라고 요청해보자. 복잡한 개념도 일상적인 예시를 통해 이해할 수 있다.

4. 철학적 일기 쓰기 격려하기

아이가 철학적 대화의 내용을 간단히 정리하고, 자신의 생각을 덧붙이는 습관을 들이게 하자. 이는 철학적 사고의 내면화를 돕는다.

5. 다양한 관점 경험하기

한 철학자의 관점에 머물지 말고, 여러 철학자들의 시각을 비교하며 대화해보자. "이 문제에 대해 칸트와 아리스토텔레스는 어떻게 다르게 접근할까?"와 같은 질문은 비판적 사고를 길러준다.

이러한 접근법을 통해, AI는 단순한 정보 제공자를 넘어 아이의 철학적 사고를 깊이 있게 발전시키는 진정한 대화 상대가 될 수 있다. 그리고 그 과정에서 아이는 자신만의 철학, 자신만의 삶의 원칙을 발견해나갈 것이다.

 # 자녀와 함께 쓸 수 있는 AI

✳ perplexity

Perplexity ——— https://www.perplexity.ai/

AI 기반 검색 및
정보 탐색 도구

> Perplexity는 AI를 활용하여 사용자가 입력한 질문에 대한 정확하고 깊이 있는 정보를 제공하는 검색 및 정보 탐색 도구입니다. 복잡한 질문에도 명확한 답변을 제공하여 정보 탐색 시간을 단축시킵니다.

특 징
- 고유한 질문-답변 시스템: 복잡한 질문에 대한 명확한 답변 제공.
- 빠르고 정확한 정보: 신속하게 정보 도출 및 추천.
- 사용자 친화적 인터페이스: 직관적인 검색 경험 제공.

무료 플랜
기본 검색 및 추천 기능 제공

장 점
- 정확한 정보 제공: 높은 정확도의 검색 결과
- 시간 절약: 빠른 정보 탐색 가능

유료 플랜
상세 분석 보고서 및
고급 AI 기능 접속 가능

단 점
- 고급 기능 제한: 무료 사용자에게 제한된 고급 기능 접근
- 많은 사용자 요청 시 성능 저하 가능성: 서버 사용량이 많을 때 응답 시간 증가 가능성

wrtn ——— https://wrtn.ai/

AI 기반
콘텐츠 생성 플랫폼

> 뤼튼은 AI를 활용하여 블로그, 기사, 소셜 미디어 게시물 등 다양한 형태의 콘텐츠를 자동으로 생성해 주는 플랫폼입니다. 사용자는 손쉽게 양질의 글을 생산할 수 있습니다.

특 징
- 자연어 처리 기반의 콘텐츠 생성.
- 다양한 템플릿 제공: 블로그, 광고 카피, 소셜 미디어 게시물 등.
- 사용자 맞춤형 조정 가능: 사용자에 맞게 스타일과 톤 조절 가능.

무료 플랜
제한된 글자 수의 콘텐츠 생성

장 점
- 빠른 내용 생성: AI로 단시간에 고품질 콘텐츠 생성
- 맞춤형 생성: 다양한 템플릿과 스타일로 생성

유료 플랜
월 $10부터 시작,
무제한 콘텐츠 생성 기능 제공

단 점
- 의존성 문제: AI 훈련 데이터에 따른 한계와 정확성 의존성
- 복잡한 주제 처리 한계: 복잡하고 전문적인 주제에서 한계점 존재

3장

무엇을 가르칠까보다, 어떻게 대화할까

공부보다 중요한 건 감정을 말하는 연습
메타인지를 키운다는 것 – 틀렸다는 걸 말할 수 있는 용기
우리 아이가 갑자기 창의적으로 보이기 시작한 이유
질문이 늘어난 아이는 스스로 배우기 시작했다

공부보다 중요한 건 감정을 말하는 연습

**티(T)형 엄마와 에프(F)형 딸 사이,
우리가 서로를 알아가는 법**

"엄마, 나 수학학원에서 말도 안 되는 실수했어. 곱하기할 걸 나누기로 했어." "그러니까 아침에 바나나 먹으라고 했잖아. 탄수화물 안 먹어서 그래." 그리고 돌아온 짧은 정적. "엄마, 그 아침 바나나 얘기를 지금 왜 해?"

밥을 하던 손이 멈췄다. 그 순간 나는 깨달았다. 아이가 정말로 원했던 것은 해결책이 아닌 위로였다는 것을. 속상한 마음을 공감받고 싶었다는 것을. 수천 번의 대화를 나눴지만, 단 한 번도 아이의 마음을 제대로 읽지 못했던 순간이었다.

"우리 애는 원래 그래." - 부모의 가장 위험한 착각

친한 엄마들과 수다를 떨다 보면 자주 듣는 말이 있다. "우리 애는 원래 그래. 걔는 원래 그런 성격이야." 그런데 이상하게도, 내가 그 아이를 직접 보고 이야기해본 적이 있으면 고개를 갸우뚱하게 된다. 엄마가 말하는 모습과 실제 아이의 모습이 어긋나는 경우가 많았기 때문이다. 그러면서 문득 생각했다. 혹시 나도, 내 아이를 그런 식으로 단정 짓고 있는 것은 아닐까?

아이를 낳고 키운다는 건 일상의 반복이다. 밥을 먹이고, 학교에 보내고, 학원을 정하고, 잠을 재우는 일이 쌓여가며 우리는 부모가 된다. 그런데 그 익숙함 속에서 가장 위험한 일이 시작된다. 내가 만들어 놓은 프레임 속에 아이를 가두는 것. "우리 아이는 이런 아이야"라는 단정 짓기.

나는 전형적인 T, 이성 중심형이다. 감정보다는 논리로 세상을 이해하려 하고, 누군가가 울면 그 이유부터 찾는 사람이었다. 자연스럽게 딸 예슬이도 나를 닮았을 거라고 확신했다. 말이 잘 통했고, 감정적인 표현보다는 상황을 분석하려는 경향이 있었기 때문이다. 하지만 그 얕은 확신이 무너지는 순간은 생각보다 빨리 찾아왔다.

낯선 거울 앞에서 - 아이의 진짜 모습을 마주한 순간

결정적인 사건은 중학교 1학년, 예슬이가 갑자기 집을 나간 날이었다. 그날 나는 처음으로 아이 상담센터의 문을 두드렸다. 그리고 그곳에서 상담 선생님이 말했다. "이 아이는 매우 섬세하고, 감정을 깊이 느끼는 아이예요."

그 이야기를 들었을 때 나는 부끄러움을 느꼈다. 그동안 내가 이 아이를 어떻게 보고 있었는지, 무심하게 어떤 틀에 끼워 넣으려 했던 건 아니었는지.

상담 이후, 나는 예슬이의 작은 행동 하나하나가 다시 보이기 시작했다. 아이가 내는 한숨, 대답 없는 침묵, 가끔 보이는 눈물. 그 모든 것이 어쩌면 내 방식대로는 설명되지 않는, '느끼는 사람'의 언어였던 것이다. 나는 그 언어를 전혀 읽지 못한 채, 늘 논리로 해석하고 답을 내리고 있던 T형 엄마였다.

여행지에서 발견한 F형 딸의 마음

어느 여행지에서 예슬이와 동생이 다툰 일이 있었다. 동생은 짐을 싸고 집에 가겠다고 버티는 반면, 예슬이는 "그래도 여행

왔잖아. 엄마 아빠가 시간 내서 온 거잖아"라며 자리를 지켰다.

그 순간 나는 낯선 감정을 읽었다. 나와 닮았다고 생각했던 예슬이가, 나와는 전혀 다른 언어로 반응하고 있었다. 그것은 논리가 아닌 타인의 감정과 상황을 중심에 두는 F형의 말이었다.

이런 장면들이 모여 나는 점점 더 분명히 알게 되었다. 내 딸은 내가 정의내린 아이가 아니라는 것을. 내가 생각했던 것보다 훨씬 더 복잡하고, 다양한 감정으로 가득 찬 존재라는 것을.

엄마가 티인 거 알아. 근데 이번엔 좀 서운했어

그날 밤, 예슬이를 꼭 안고 말했다. "엄마가 또 티처럼 반응했네. 너무 미안해." 그 순간 예슬이는 이렇게 말했다. "엄마가 티인 거 나 알아. 근데 이번엔 좀 서운했어."

그 한마디는 단지 지금의 서운함을 표현한 것이 아니라, 오랜 시간 쌓인 마음의 무늬를 보여주는 고백이었다. 그동안 내 말과 행동이 얼마나 자주 아이의 마음을 지나쳤는지 알게 해주는 문장이었다.

나는 아이가 무언가를 말해줄 때마다 늘 같은 말을 반복해왔다. "기분이 안 좋으면 말해줘야 알지. 엄마는 모를 수밖에 없어." 그런데 그날, 예슬이는 정확히 그 방식으로 말해줬다. 자기 감정을, 이유를, 서운함을. 논리나 설명이 아니라 감정으로 말해온 아이의 목소리를, 나는 늦게서야 알아들었다.

갈등의 시작은 다름이 아니라 이해하지 못함

MBTI로 보면 단순히 T형 엄마와 F형 딸이 갈등을 겪는 구도처럼 보일 수 있다. 하지만 문제의 본질은 성격 유형의 차이가 아니었다. 그것은 서로를 제대로 알지 못했기 때문이었다.

나는 아이가 말하는 방식을 자주 오해했다. 아이의 감정표현을 논리적 메시지로 해석하려 했고, 아이의 필요와 요구를 내 방식대로 판단했다. 반대로 아이도 내 말을 종종 오해했다. 내가 해결책을 제시할 때, 아이는 그것을 무관심으로 받아들였다.

하지만 중요한 건, 그 오해를 풀 수 있는 순간이 결국 찾아왔다는 것이다. 그리고 그 순간이 우리 관계의 전환점이 되었다.

말하게 하는 것보다 중요한 건, 들었다는 신호 보내기

그날 밤, 예슬이를 꼭 안고 말했다. "예슬아, 엄마가 그렇게 말할 수 있는 네가 정말 고마워. 근데 엄마는 또 실수할지도 몰라. 40년 넘게 그렇게 살아왔거든. 그러니까 또 말해줘. 이번처럼." 예슬이는 웃었다. "엄마도 나한테 맨날 뭐 하라 그러는데 나 잘 안 하잖아. 그런 거지 뭐."

그 한마디에, 나는 한참을 웃었다. 아이는 이미 나를 이해하고 있었다. 자신과 다르더라도, 나를 있는 그대로 받아들이고 있었다.

아이가 자기 마음을 '직접 말할 수 있는 사람'이라면, 부모는 그 신호를 완벽하게 해석하지 못해도 괜찮다. 혼자 삭이지 않고, 서운하면 서운하다고 말할 수 있는 용기. 그 용기를 키워줄 수 있는 엄마가 되는 것. 그것이 내가 새롭게 찾은 역할이었다.

진짜 소통이 시작되는 순간

예슬이는 이제 감정이 올라올 때 곧잘 말한다. "오늘 너무 피곤해. 말 시키지 마." "나 지금은 그냥 혼자 있고 싶어."

때로는 가시처럼 느껴지는 말투지만, 그 안에 담긴 마음을 떠올리면 오히려 고맙다. 말하지 않고 뒤돌아서는 것보다는, 지금 마음을 보여주는 것이 훨씬 건강한 신호이기 때문이다.

나는 여전히 말실수를 하고, 논리부터 꺼내들고, 예슬이의 감정을 놓칠 때도 많다. 하지만 다행인 건, 예슬이가 그걸 말해 줄 수 있는 아이로 자라났다는 것이다.

사춘기가 끝나간다는 건, 단지 투정이 줄어든다는 뜻이 아니다. 감정을 스스로 정리해 말로 풀어낼 수 있게 되었다는 것. 그건 아이가 한층 성장했다는 신호이고, 동시에 나 역시 그 곁에서 계속 자라고 있다는 증거다.

아이를 '안다'는 것의 진짜 의미

아이의 마음을 읽는 일은 늘 어렵다. MBTI처럼 유형으로 나눌 수 있을지 몰라도, 그 안을 들여다보면 아이 한 명 한 명의 내면은 훨씬 더 복잡하고 세밀하다. 나는 이제야 그 안을 조금씩 들여다보게 되었다. 아이의 눈빛이 달라질 때, 평소와는 다른 말투를 쓸 때, 이유 없이 문을 닫는 날이 있을 때. 그 모든 순간이 다 말이었고, 신호였다는 걸 알아가고 있다.

아이를 '안다'는 건, 정답을 맞히는 일이 아니라 마음을 함께 듣고 이해하는 일이다. 아이가 자기 마음을 말해줄 수 있을 때, 부모는 비로소 아이 곁에 서 있는 것이다.

서로 다른 언어를 쓰는 부모와 자녀가 소통하는 방법

1. 틀 깨기 - "우리 아이는 이런 아이야."라는 정의를 내려놓기

> 아이는 매일 변화하고 성장한다. 어제의 아이와 오늘의 아이는 다르다. 고정된 틀로 아이를 바라보지 않아야 진짜 모습이 보인다.

2. 목적이 아닌 감정에 집중하기

> 아이가 무언가를 말할 때, 그 목적이나 행동보다 그 뒤에 있는 감정에 먼저 관심을 기울여보자. "왜 그랬어?"보다 "지금 어떤 기분이니?"가 더 중요할 때가 많다.

3. 솔직한 자기 인정하기

> T형 부모라면 "나는 감정보다 논리를 먼저 생각하는 사람이야"라고 인정하고, F형 자녀에게 "너의 감정을 이해하려고 노력 중이야"라고 말해보자. 자신의 성향을 인정하는 것이 변화의 시작이다.

4. 실수를 두려워하지 않기

> 완벽한 소통은 없다. 서로 다른 언어를 쓰는 사람들처럼, 부모와 자

> 녀는 자주 오해하고 실수한다. 그 실수를 인정하고 다시 시도하는 모습이 오히려 아이에게 더 큰 배움이 된다.

5. 말보다 중요한 건 경청의 자세

> 때로는 아무 말도 하지 않고, 그저 아이의 말을 온전히 듣는 것만으로 충분하다. "엄마가 들었어. 그 마음 이해해"라는 메시지를 보내는 것이 어떤 조언보다 강력할 때가 있다.

완벽한 이해는 없지만, 완벽한 사랑은 있다

그날 밤, 오랜만에 마음이 따뜻했다. 아이를 완벽하게 이해할 수는 없어도, 이해하려는 노력을 멈추지 않는 한 우리는 계속 가까워질 수 있다는 확신이 들었다.

아이와 부모 사이의 거리는 때로 너무 가깝고, 그래서 너무 낯설다. 너무 많은 시간을 함께해서 오히려 아이의 마음을 놓치기도 하고, 익숙함 속에서 다르게 반응하는 감정들을 무심코 지나치기도 한다. 그렇게 오늘도 나는, 예슬이 곁에서 배우고 있다. T형 엄마와 F형 딸이 서로를 알아가는 여정. 그 과정 자체가 우리의 성장이고, 사랑의 표현이다. 그리고 그것이면 충분하다.

메타인지를 키운다는 것
- 틀렸다는 걸 말할 수 있는 용기 -

불안에서 시작된 질문, "나도 충분할까?"

"입시설명회 다녀오셨어요? 이번에 우리 애 1:1 컨설팅 받았는데, 너무 큰 도움이 되더라고요." 학부모 모임에서 종종 듣는 이 말 앞에서, 나도 흔들렸다. 이 치열한 입시 경쟁 속에서 전문가의 손길 없이, 내 아이를, 내 손으로만 이끌어가도 괜찮을까?

'입시'라는 이름 앞에서 자신이 없었다. 우리 아이가 수학을 어려워하면, 국어 성적이 떨어지면, 불안했다. 컨설팅이 필요하다고 느꼈고, 몇백만 원짜리 입시 전략을 받는 사람들을 보면 '저게 부모가 해줄 수 있는 일인가 보다' 싶었다. 정보는 너무 많고, 제도는 너무 자주 바뀌니까. 나는 뒤처지고 있다는 조급함만 쌓였다. 그런데 어느 날, 놀라운 깨달음이 찾아왔다. 세상 누구보다 내 아이를 잘 아는 사람이 누구일까? 바로 나였다.

GPT, 나의 불안을 정리해준 첫 번째 동반자

그 깨달음의 계기는 의외로 AI였다. 고교학점제에 대해 불안하던 차에 GPT의 팀 리서치 기능을 우연히 알게 되었다. "아직 정착도 안 된 제도인데, 대입이 어떻게 될까?"

GPT에게 이 질문을 던졌고, 30분 후 도착한 보고서는 정책의 배경부터 전략적 접근까지 정리된 7~8장짜리 리포트였다. 나는 그것을 보며 말 그대로 입을 다물지 못했다. 여태껏 추상적으로만 불안했던 것들이, 체계적으로 정리되는 순간이었다.

그때 문득 생각했다. '이게 컨설팅인가?' 꼭 누군가에게 돈을 내고 받아야 하는 고급 서비스만은 아니었다. 정확한 정보, 분석의 틀, 그리고 아이에 대한 이해. 이 세 가지만 갖추면 충분히 부모가 할 수 있는 일이었다.

나는 우리 아이에 대해서라면 누구보다 잘 알고 있다. 언제 지치고, 언제 집중하며, 어떤 방식으로 말하면 마음이 움직이는지. 그렇다면, 전략을 짜는 사람으로서 내가 제일 적임자가 아닐까?

메타인지, AI 시대 교육의 새로운 키워드

그렇다면, 이 AI 시대에 아이들에게 정말 필요한 역량은 무엇일까? 단지 많은 정보를 외우거나, 문제를 빨리 푸는 능력일까? 아니다. 정리해보니 네 가지 단어로 모였다. 자기주도 학습, 비판적 사고력, 창의성, 그리고 유연한 적응력. 이 네 가지는 모두 '메타인지', 다시 말해 '나를 아는 힘'에서 출발하는 이야기였다.

메타인지는 단순히 '공부 방법'이 아니다. 그것은 스스로를 알아가는 과정이다. '나는 왜 이걸 배워야 하는가?', '나는 어떻게 하면 집중할 수 있는가?', '나는 어떤 방식으로 가장 잘 이해하는가?'라는 질문들. 이 질문들에 답을 찾아가는 과정이 바로 진정한 학습이다. 그리고 놀랍게도, 이 여정에서 부모는 가장 강력한 조력자가 될 수 있다.

달라진 나, 달라진 질문들

GPT와 함께 공부하면서, 나는 우리 아이에게 질문을 던지는 방식이 바뀌고 있다는 걸 느꼈다. 예전에는 "오늘 뭐 배웠어?", "숙제는 다 했어?" 같은 확인 중심의 말이 많았다면, 요즘은 이렇게 묻는다. "오늘 수업에서 제일 재미있었던 건 뭐였어?" "네 생각엔 그게 왜 중요했을까?" "그걸 배우면서 어떤 부분이 제일 어려웠어?"

처음엔 어색했지만, 어느 순간부터 예슬이도 말을 달리 꺼내기 시작했다. "엄마, 오늘은 내가 질문 두 개나 했어." 그 말에서 나는 알았다. 이 아이가 '생각하는 사람'이 되어가고 있다는 것을. 질문을 하는 아이, 스스로 답을 찾아가는 아이. 그것이 바로 진정한 자기주도 학습의 모습이었다.

단순한 도구가 아닌, 창의성의 촉매제

예슬이가 며칠 전, 갑자기 뮤지컬 대본을 써보고 싶다고 했다. 나는 단지 "좋아, GPT랑 같이 해볼까?"라고만 말했을 뿐이다. GPT는 10분 만에 뼈대를 짜주었고, 그 위에 예슬이는 자기가 생각한 갈등 구조와 대사를 붙였다. 처음에는 호기심이었지만, 그 안에서 상상이 만들어지고, 이야기가 형체를 갖기 시작했다.

나는 이걸 보며 깨달았다. GPT는 아이의 창의성을 대체하는 게 아니라, 그 가능성에 불을 붙이는 역할을 한다는 걸. 아이가 내놓은 단서를 GPT가 흘려보내지 않고 받아주며 확장시켜줄 때, 그건 단순한 기술이 아니라 대화다.

그리고 그 대화는 아이가 '나는 무엇을 좋아하는지', '어떻게 표현하고 싶은지'를 알아가는 여정으로 이어진다. 이것이 바로 메타인지의 성장이다.

부모의 새로운 역할 – "나도 몰라, 같이 알아보자."

세상은 변하고, 교육도 변한다. 지금 초등학교 1학년인 아이가 고등학생이 될 무렵엔, 지금의 교과 내용 중 일부는 시대에 맞지 않는 구식 지식이 되어 있을 수 있다. 그러니 외워서 익히는 능력만으로는 미래를 감당할 수 없다.

결국 필요한 건, 모르는 걸 인정할 수 있는 용기다. "이건 나도 몰라"라고 말할 수 있는 환경, "그럼 우리 같이 찾아보자"라고 말할 수 있는 태도. 나는 아이가 그런 유연한 사람으로 자라기를 바란다.

그리고 놀랍게도, 이 새로운 역할은 부모에게도 자유를 준다. 모든 질문에 답해야 한다는 부담에서 벗어나, 함께 배우는 동반자가 될 수 있기 때문이다. 우리가 같은 눈높이로 배우는 이 공간 안에서, 나는 더 이상 '모르는 걸 가르치는 사람'이 아니라, '같이 궁금해하는 사람'이 된다.

전문 컨설턴트가 줄 수 없는 부모만의 강점

흔히 생각하는 교육 컨설턴트의 강점은 무엇일까? 전문 지식, 최신 정보, 경험에서 나온 통찰력... 하지만 그들에게 결정적으로 부족한 것이 있다. 바로 당신의 아이를 온전히 아는 것.

전문가는 한 번의 상담으로 아이의 성향을 파악하려 애쓰지만, 부모인 당신은 아이의 성장 전체를 지켜봤다. 언제 웃고, 언제 지치는지. 어떤 말에 상처받고, 어떤 칭찬에 힘을 얻는지. 전문가가 몇 시간의 관찰로 알아낼 수 없는 통찰을 당신은 이미 가지고 있다.

교육의 본질은 결국 '이 아이가 누구인가'를 아는 데서 시작한다. 그리고 그 질문에 대한 답은, 비싼 컨설팅이 아니라 당신의 마음 속에 있다.

메타인지를 키우는 부모의 5가지 질문법

메타인지를 발달시키는 대화는 어떻게 시작할 수 있을까? 다음 다섯 가지 질문을 아이와의 일상 대화에 자연스럽게 섞어보자.

1. 과정 중심 질문

"이 문제를 어떻게 풀었어?" (방법에 집중) "네가 찾은 방법 중에 가장 효과적인 건 뭐였어?" (전략 인식)

2. 감정 연결 질문

"이 내용을 배울 때 기분이 어땠어?" (감정 인식) "어떤 부분이 가장 재미있었어?" (동기 탐색)

3. 자기평가 질문

"오늘 공부에서 네가 가장 잘한 건 뭐라고 생각해?" (강점 인식) "다음에는 어떻게 하면 더 잘할 수 있을까?" (개선점 찾기)

4. 연결성 질문

"이건 네가 전에 배운 것과 어떻게 연결되는 것 같아?" (지식 통합) "이 내용이 실제 생활에서는 어디에 쓰일까?" (실용성 인식)

5. 가치 질문

"이걸 배우는 게 왜 중요하다고 생각해?" (의미 찾기) "네가 알게 된 것 중에 가장 가치 있는 건 뭐였어?" (핵심 추출)

이런 질문들은 대화식 평가도구가 아니라, 아이가 스스로를, 그리고 자신의 학습을 돌아볼 수 있는 거울이 된다. 답이 중요한 게 아니라, 그 질문을 통해 아이 스스로 생각하는 과정이 중요하다.

당신이 아이의 최고 컨설턴트가 되는 이유

AI 시대, 결국 메타인지란 '나는 누구인가'를 묻는 일이다. 그리고 그 질문은 내 아이에게만이 아니라, 내게도 향한다. 나는 어떤 부모인가. 나는 왜 불안했는가. 나는 무엇을 기대했고, 어디서 놓치고 있었는가. 그 질문의 답을 찾는 동안, 나는 점점 덜 조급해지고, 조금 더 기다릴 수 있게 되었다.

GPT를 비롯한 AI 도구들은 우리의 불안을 해소하고, 정보의 바다에서 길을 찾게 도와준다. 하지만 그것은 어디까지나 도구일 뿐, 당신을 대체할 수 없다. 아이가 진정으로 필요로 하는 건 정보가 아니라, 그 정보를 어떻게 받아들이고 활용할지 함께 고민해줄 누군가다. 그리고 그 사람은, 어떤 교육 컨설턴트도 될 수 없다. 오직 당신, 부모만이 될 수 있다.

나는 이제 확신한다. GPT는 기술이 아니라 동반자다. 그리고 나는 우리 아이의 코치로서, 동료로서, 새로운 시대를 함께 건너는 첫 번째 사람이 되고 싶다.

그 시작은 거창하지 않다. 오늘 하루, 아이의 눈을 바라보고, 이렇게 묻는 것이다. "예슬아, 오늘 너는 너 자신에 대해 뭘 새롭게 알게 되었니?"

당신은 이미 충분히 훌륭한 부모다. 그리고 AI의 도움을 받아, 더 훌륭한 아이의 컨설턴트가 될 것이다. 그 확신을 갖고, 오늘부터 한 걸음씩 나아가보자.

조현주 작가의 팁!

GPT프롬프트 중 꼭 넣어보세요

> 현재 시행하는 고교학점제의 취지를 항목별로 나열하고, 그 취지에 부합하는 수시 정시 전략을 알려줘.

1. 고교학점제의 취지와 배경
2. 고교학점제의 주요 변화내용
3. 고교학점제가 대학에 미치는 영향
4. 고교학점제 대비 수시전략
5. 고교학점제 대비 정시전략
6. 대학 유형별 맞춤 전략
7. 결론 및 대비 방안

7개 항목이 나옵니다. 순간 이런 내용이 몇천만 원을 주고 하는 컨설팅보다 객관적이며 이 객관적인 내용을 아이를 잘 아는 엄마가 알아서 이 방향으로 학습 지도를 할 수 있다면, 아이에 대해 1도 모르는 컨설팅 선생님한테 의지하는 것보다 훨씬 더 낫지 않을까요? 지금 바로 실행해 보세요!

우리 아이가 갑자기
창의적으로 보이기 시작한 이유

변화하는 교육 환경 속에서

입시에 자유로운 부모가 과연 몇이나 될까. 중학교 2학년과 초등학교 6학년 아이를 키우는 나 역시 예외는 아니다. 누가 하라고 시킨 것도 아닌데, 늘 마음 한구석에는 '뭔가 준비해야 한다'는 조급함이 남아 있다. 아이가 오늘 어떤 수업을 듣고 왔는지보다, 다음 시험은 언제 있는지가 더 신경 쓰이고, 공부를 하고 있지 않으면 괜히 불안해진다. 그런 내가 참 모순적이라는 걸 알면서도, 쉽게 벗어날 수 없는 구조 속에 살고 있다.

그런데 요즘, 이 시스템이 과연 지금 아이들에게 맞는 것인지 자꾸만 의문이 든다. 교육은 분명 바뀌고 있다. 교육부는 AI 디지털 교과서를 도입하겠다고 예산을 편성했고, 실제로 아이들이 다니는 학교에서도 다양한 디지털 수업이 시작되고 있다. 스마트기기를 이용한 학습, 검색 기반의 과제, 자유 주제 발표 등 겉으로 보면 참 신선하고 진보적으로 보인다. 그러나 그 변화가 아이들에게 정말 필요한 것을 주고 있는지, 그건 또 다른 문제다.

AI와의 친밀감, 교육의 새로운 전환점

교과서만 디지털화된 게 아니다. 수업 방식도 점점 달라지고 있다. 자율학기제 덕분에 요즘 아이들은 다양한 프로젝트를 경험하며, 이전보다 주도적인 활동이 많아졌다. 선생님 혼자 판서를 하던 시대에서, 이제는 함께 만들고, 함께 발표하는 교실로 옮겨가고 있다. 하지만 이런 흐름을 지켜보며 나는 오히려 더 큰 본질을 떠올렸다. 교육의 진짜 전환점은, 디지털 교과서도 자율 수업도 아닌, 바로 AI와의 친밀감에 있다.

아이들은 이미 AI를 쓰고 있다. 스마트폰 속 음성인식, 추천 알고리즘, 번역기능 등 우리 삶 곳곳에 AI는 스며들어 있다. 하지만 아이들은 그것을 'AI'로 인식하지 않는다. 기술은 쓰지만, 그 원리를 모르고, 활용법도 배우지 않는다. 그러다 보니 정작 중요한 건 가르치지 못하고 지나가는 셈이다. 이대로 가면, 기술은 발달했는데 사람은 그만큼 성장하지 못한 세상이 올지도 모른다.

지금처럼 한 반에 열 명도 채 안 되는 교실이 늘어가는 시대에, 예전처럼 선생님 한 명이 모든 아이를 이끄는 방식은 더 이상 유효하지 않다. 아이들은 달라졌고, 세상도 변했다면, 교육도 함께 달라져야 한다. 나는 그 변화 속에서 가장 중요한 것은 '경험 중심 수업'이라고 생각한다. 그리고 그 경험 속에는 반드시 AI와의 협업이 들어가야 한다.

도구를 넘어, AI와의 창의적 협업

우리 아이들은 이미 크롬북을 이용해 이메일도 보내고, 발표 자료도 만든다. 하지만 그건 어디까지나 '사용자'로서의 모습이다. 진짜 중요한 건 아이가 그 과정에서 무엇을 배우고, 어떤 방향을 잡으며, 어떤 자신감을 얻는가다. 나는 그것이 바로 AI와 친밀한 경험을 통해 시작된다고 믿는다.

AI는 시키는 걸 잘한다. 검색, 요약, 정리, 반복 학습. 그렇다면 인간은? 우리는 상상하고, 기획하고, 질문하는 능력을 지녀야 한다. 아이도 마찬가지다. AI는 수단일 뿐이고, 그 수단을 활용해 자신만의 생각을 펼칠 수 있어야 한다. 단지 정보를 빠르게 찾는 능력보다, 그 정보를 바탕으로 새롭게 해석하고 만들어가는 능력이 중요하다.

이쯤에서 부모로서 나는 다시 생각하게 된다. 여전히 국영수 위주의 입시 공부만 시켜야 할까? 단언하긴 어렵지만, 예전처럼 입시만을 위해 모든 걸 희생하는 교육은 더 이상 의미가 없다. 일부 지방 대학은 등록금만 내면 입학 가능한 수준에 이르렀고, 대학이 '선택의 기준'이 되는 시대는 점점 끝나가고 있다. 아이가 어떤 대학에 가느냐보다, 어떤 삶을 설계할 수 있느냐가 더 중요해지고 있다.

그리고 이 변화의 흐름 속에서, 나는 어느 날 한 문장을 마주하게 되었다.
"AI는 아이의 자신감을 키우는 최고의 친구다."

그 문장은 내 머릿속에서 오래 맴돌았다. 교육은 결국 '자신이 할 수 있다'는 믿음을 심어주는 일 아닌가. 그리고 어느 날, 그 믿음이 현실이 되는 순간을 내 딸을 통해 보게 되었다. 그 순간이, 내 교육 철학을 송두리째 바꾸게 될 줄은 미처 몰랐다.

"나도 그림 그릴 수 있을 것 같아." - AI가 열어준 가능성

그날 딸아이는 내게 조심스럽게 물었다. "엄마, 미드저니라는 거 써보면 안 돼?" 요즘 아이가 소설을 쓰고 있었고, 그 소설에 나오는 캐릭터를 그림으로 그리고 싶다는 말은 전에 들었었다. 처음엔 미대를 준비하는 친구에게 부탁을 해보더니, 이젠 직접 그림을 만들겠다는 생각을 한 모양이었다. 미드저니? AI 일러스트 생성기라니. 내가 생각했던 '그림'의 영역과는 전혀 다른 세상이었다.

그런데 아이는 정말 직접 해보았다. 처음에는 뭔가 어색하고 익숙하지 않은 이미지가 나왔지만, 자꾸만 시도하더니 자신이 원하는 결과물에 가까운 그림들을 만들어냈다. 그리고 어느 순간, 그 말을 꺼냈다. "엄마, 나도 그림 그릴 수 있을 것 같아."

나는 그 말을 지금도 생생히 기억한다. 그 순간 아이의 목소리에는 단순한 발견이 아닌, 진짜 자존감이 담겨 있었다. 그림을 잘 그리는 아이가 아니었다. 화가를 꿈꾼 적도, 그림으로 칭찬받은 기억도 별로 없었다. 그런데 AI와의 경험이 단 한 번도 가져본 적 없는 자신감을 아이에게 안겨주었다.

AI, 지치지 않는 격려자

그건 단지 기술의 도움이 아니었다. AI는 아이에게 "틀렸어"라고 말하지 않는다. 대신, "좋은 시도예요. 이런 방법은 어때요?"라고 답한다. 그 말투는 지치지 않는다. 실수를 교정으로 바꾸고, 실패를 다시 시작으로 만든다. 정답 중심 교육에 지친 아이들에게, AI는 조용하고 끈질긴 격려자처럼 다가온다. 그리고 그 격려가 아이의 호기심을 깨운다.

딸아이는 식탁 옆에서 패드를 펼치고 AI와 이야기를 나눈다. 어떤 날은 키득거리며 웃고, 어떤 날은 한참을 골똘히 생각하더니 뭔가를 적는다. 숙제도 아니고, 시험도 아닌데 그렇게 집중한다. 나는 그 모습이 좋았다. 너무나 자연스럽게 몰입하고, 아무도 시키지 않았는데도 자꾸만 해보고 싶어 하는 그 마음. 그건 어느새 자기주도라는 단어로 바뀌어 있었다.

진짜 자기주도 학습의 의미

우리는 '자기주도 학습'이라는 말을 어렵게 배웠다. 계획표를 짜고, 스스로 공부하고, 성취를 만들어내는 아주 무거운 단어였다. 하지만 아이에게 자기주도란 '재미있어서 계속 해보는 것'이었다. 처음부터 완벽하려 하지 않았고, 결과보다 과정을 더 즐겼다.

AI는 그 과정의 동반자가 되어줬다. 예를 들어, 리포트를 써야 할 때 아이는 주제를 선택하고, AI는 자료를 정리해준다. 아이는 그 자료를 다시 정리하고, 질문을 던지고, 글을 써본다. 물론 엉망이 될 수도 있다. 하지만 AI는 그 글을 평가하지 않는다. 대신 구조를 바꾸는 제안을 하고, 문장을 더 명확히 하라고 조언한다. 그 모든 피드백은 부드럽고 명확하며 무엇보다 계속 해보게 만든다.

계속 해보게 만드는 힘

지금 우리 아이들에게 필요한 건 '잘하는 법'이 아니다. 계속 해보게 만드는 힘, 그게 진짜 교육의 핵심이다. 한두 번 시도해서 멈추는 게 아니라, 몇 번을 해도 재미있고, 또 해보고 싶은 그 경험.

AI는 그 시작점을 만들어준다. 아이의 시도에 반응하고, 방향을 제시하고, 칭찬하며 기다려준다. 이건 기술의 문제라기보다, 정서의 문제다. AI는 아이를 믿어주는 존재가 된다.

그리고 그 경험은 부모인 나에게도 변화를 준다. 더 이상 모든 걸 알려줘야 한다는 부담에서 벗어났다. 지금은 그냥 아이 옆에 앉아 "어떤 그림을 만들고 있어?", "어떤 이야기야?" 하고 묻는다. 함께 웃고, 함께 이야기하고, 아이가 뭔가 해낸 것을 진심으로 칭찬한다. 그렇게 AI와 아이, 그리고 나 사이에 새로운 방식의 학습이 만들어지고 있다.

"나도 할 수 있어." - 자신감의 원천

입시? 진로? 대학? 불안하지 않다고 말할 수는 없다. 하지만 이제는 조금 덜 두렵다. 딸아이가 스스로 "나도 할 수 있어"라고 말한 그날 이후로, 나는 알게 됐다. 아이의 진짜 힘은 정답이 아닌 자신감에서 시작된다는 것.

지금 우리에게 필요한 건 계획표가 아니라 관계다. 아이와 AI가 함께 탐색하는 시간, 부모가 그것을 따뜻하게 지켜보는 태도, 그것이 쌓여 아이는 결국 자신만의 배움을 만들어낸다.

새로운 학습 생태계 : AI, 아이, 부모

AI가 중요한 이유는 단지 효율성 때문이 아니다. AI는 아이가 시도하고, 실패하고, 다시 도전할 수 있는 안전한 공간을 만든다. 전통적인 교육에서는 실패가 종종 부정적으로 평가되지만, AI와의 상호작용에서 실패는 그저 다음 시도를 위한 정보일 뿐이다.

아이들은 이런 환경에서 더 자유롭게 실험하고 탐구할 수 있다. "틀릴까봐" 두려워하지 않고, "해보고 싶어서" 도전한다. 이런 자발적 도전 정신이야말로 미래 사회에서 가장 중요한 역량이 아닐까?

이 과정에서 부모의 역할도 변화한다. 더 이상 모든 답을 알려주는 사람이 아니라, 아이의 여정을 응원하고 지지하는 동반자가 된다. 아이가 AI와 대화하며 새로운 것을 만들어낼 때, 부모는 그 과정을 함께 즐기고 가끔 방향을 제시해주는 역할을 한다.

그렇게 AI, 아이, 부모 사이에 새로운 학습 생태계가 형성된다. 각자의 역할은 다르지만, 모두가 아이의 성장이라는 하나의 목표를 향해 협력하는 구조다.

미래를 위한 안목을 키우는 교육

AI 시대에 진정한 교육의 목표는 무엇일까? 나는 그것이 '

미래를 위한 안목'을 키우는 것이라고 생각한다. 지식은 날마다 변하고, 기술은 빠르게 발전한다. 그런 세상에서 아이들에게 필요한 건 한 가지 기술에 숙달되는 것이 아니라, 변화하는 환경을 읽고 적응하는 능력이다.

AI는 아이들에게 이런 안목을 기를 수 있는 멋진 기회를 제공한다. AI와 상호작용하면서 아이들은 자연스럽게 미래 기술에 익숙해지고, 기술을 활용해 문제를 해결하는 방법을 배운다. 더 중요한 것은, AI와 함께 하면서도 인간만이 가진 창의성, 공감능력, 윤리적 판단력의 가치를 이해하게 된다.

이런 경험이 쌓이면 아이들은 단순히 기술을 소비하는 사용자가 아니라, 기술과 함께 새로운 가능성을 창조하는 주체가 될 수 있다. 그리고 그 여정의 시작은 아이가 AI를 친구처럼 자연스럽게 대하는 지금, 이 순간부터다.

부모가 바꿀 수 있는 작은 실천들

AI 시대에 아이의 자신감을 키우기 위해 부모가 실천할 수 있는 몇 가지 작은 팁을 정리해보았다.

1. AI에 대한 열린 태도 갖기

> AI를 두려움의 대상이 아닌, 아이의 성장을 돕는 도구로 바라보자. 아이가 AI와 상호작용하는 것에 거부감을 갖지 말고, 오히려 함께 탐험해보자.

2. 과정에 집중하기

> 결과물보다 아이가 AI와 상호작용하는 과정을 중요하게 생각하자. "어떻게 이걸 만들었어?"라고 물어보고, 그 과정에서 아이가 어떤 결정을 내렸는지 들어보자.

3. 실패를 장려하기

> AI와의 시도가 항상 성공적이지는 않을 것이다. 그럴 때 "다시 해볼까?"라고 격려해주자. 실패는 배움의 기회임을 아이가 느낄 수 있도록.

4. 함께 배우는 자세 보여주기

> 부모도 AI에 대해 모든 것을 알 필요는 없다. "나도 잘 모르겠네. 같이 알아볼까?"라는 태도를 보여주는 것만으로도 아이는 큰 용기를 얻는다.

5. 디지털 균형 유지하기

> AI와의 상호작용도 중요하지만, 실제 세계의 경험도 균형있게 제공하자. 자연 속에서 뛰어놀고, 친구들과 어울리고, 손으로 만드는 경험도 여전히 소중하다.

결론 : AI는 아이의 자존감을 키워주는 친구

AI는 결국, 아이의 자존감을 키워주는 친구다. 그리고 그 친구를 옆에 두는 선택은, 지금 부모에게 가장 소중한 결정일지 모른다.

아이가 AI와 함께 자신의 아이디어를 현실로 만들어가는 모습을 지켜보면서, 나는 더 이상 미래를 두려워하지 않게 되었다. 오히려 설렌다. 우리 아이들이 AI와 함께 어떤 놀라운 세상을 만들어갈지, 그 여정을 지켜볼 수 있다는 것이 얼마나 큰 특권인지 깨닫게 되었다.

아이의 가능성은 무한하다. 그리고 AI는 그 가능성의 문을 활짝 열어주는 열쇠가 될 수 있다. 부모인 우리에게 필요한 것은 단지 그 문을 닫지 않는 것, 그리고 아이가 그 문을 통과할 때 따뜻한 미소로 응원해주는 것뿐이다.

> 창의성은
> 정보를 연결하는 능력에서 비롯된다.
>
> ...
>
> 스티브 잡스

질문이 늘어난 아이는
스스로 배우기 시작했다

아이를 키우다 보면, '공부를 잘하게 해야지'라는 생각보다 '무언가에 깊이 몰입하는 아이로 자라면 좋겠다'는 바람이 커질 때가 있다. 공부를 잘하든 못하든, 스스로 집중해서 어떤 활동이든 자기 힘으로 해내는 아이를 보는 건 참 기특한 일이다. 나도 늘 그런 생각을 해왔다. 그래서 아이가 뭔가에 집중해서 몰입하는 모습을 보면, 그게 무엇이든 일단 응원해주려고 노력했다.

집중력이라는 건 사실 가르쳐줄 수 있는 게 아니다. 오히려 환경과 경험을 통해 자연스럽게 키워지는 거라고 생각한다. 우리 아이는 어릴 때부터 책을 좋아하긴 했지만, 그 책을 고르고 읽어내는 과정에서 몰입력을 길러온 것 같다. 기억에 남는 일화가 하나 있다. 어느 날 아이가 나에게 와서, 14만 원짜리 전집 만화책을 사달라고 했다. 순간적으로 '너무 비싼 거 아니야?'라는 생각이 들었지만, 아이는 예상이라도 한 듯 PPT

자료 다섯 장을 직접 만들어 나에게 브리핑을 하기 시작했다.

그 자리에서 단 10분 만에 '왜 이 만화책을 사야 하는가'에 대한 자신의 논리를 정리해서 보여줬다. "엄마, 내가 이걸 사고 싶은 이유는 세 가지야." 하면서, 내용의 가치, 내가 이 책을 읽을 시간 확보 가능성, 그리고 소장 가치까지 조목조목 설명했다. 아이가 책값이 비싸다는 걸 알고 있었고, 그래서 더더욱 나를 설득하려고 준비했다는 게 느껴졌다. 나는 속으로 생각했다. '이 정도 준비를 했으면, 이건 사줘야겠다.'

작은 욕구에서 시작된 설득 과정이 아이의 논리력과 표현력을 깨운다

그런 경험이 쌓이다 보니, 아이가 책 한 권을 사달라고 해도 그냥 사주는 게 아니라 대화를 먼저 하게 된다. 특히 고학년이 되면서는 자신이 원하는 것에 대한 가치를 스스로 판단하고, 그걸 표현할 줄 아는 모습이 자주 보였다. 단순히 뭔가를 원해서 떼쓰는 게 아니라, 왜 필요한지를 정리하고 설명하면서 자신의 논리를 세우는 과정. 그게 바로 몰입의 시작이라고 생각한다.

첫째 아이는 그런 몰입이 아주 자연스러웠다. 책을 읽다가도 중간에 멈추지 못하고 끝까지 다 읽고 나서야 속이 시원해지는 성격이다. 한 번 시작한 건 끝을 봐야 직성이 풀리는 아이. 그 호기심이 끊임없는 몰입으로 이어졌고, 덕분에 자율적으로 책을 읽는 습관도 잘 들었다.

하지만 둘째는 달랐다. 억지로 앉혀서 읽히려 하면 쉽게 싫증을 냈고, 중간에 다른 데로 주의가 옮겨가는 경우가 많았다. 그래서 둘째에겐 책을 선물로 주기도 하고, 여러 가지 방식으로 유도하려 했지만 확실히 자율적으로 몰입하는 데는 한계가 있더라. 결국 선택한 건, 책을 강제적으로라도 읽게 만드는 환경이었다.

아이마다 다른 몰입의 스타일

나는 두 아이 모두 1학년 때부터 한 독서 논술 학원에 보냈다. 이 학원은 단순히 독서만 하는 게 아니라, 고학년이 되면 토론도 하고, 자신의 생각을 글로 쓰기도 한다. 무엇보다 한 주에 한 권은 꼭 읽어야 하니, 책을 보는 루틴이 생긴다. 이게 정말 효과가 있다. 첫째야 자율적으로도 읽지만, 둘째 같은 경우는 이 강제성이 오히려 도움이 됐다. 얘도 어느덧 6년째 매주 책 한 권을 꾸준히 읽어왔다. 그게 습관이 됐다.

자율성과 강제성, 두 가지 방향 모두를 경험하면서 느낀 건, 집중력은 결국 환경이 만들어주는 습관이라는 거다. 아이가 알아서 몰입하게끔 유도하는 것도 중요하지만, 때론 외부에서 리듬을 만들어줘야 가능한 시기도 있다. 책을 읽는 아이로 키우고 싶다면, 아이의 성향을 잘 파악해서 그에 맞는 리듬과 구조를 만들어주는 게 필요하다.

집중력은 타고나는 게 아니라 환경과 습관이 만드는 근육

몰입력이란 결국 '흥미'와 '의미'에서 나온다. 내가 보기엔, 아이가 무언가에 몰입하려면 그 일이 재미있거나, 스스로 의미 있다고 느껴야 한다. 이건 단순히 재미만 좇는 것과는 다르다. '나는 이걸 왜 해야 하지?', '내가 왜 이걸 하고 싶지?'라는 질문에 답이 있는 아이는 자연스럽게 집중하게 된다. 나는 아이에게 항상 물어보게 했다. "넌 왜 이걸 하고 싶어?" 그 질문을 자주 던져주는 것만으로도 몰입의 방향이 생겼다.

예를 들어, 아이가 책을 읽을 때도 그냥 '읽어'라고 말하지 않았다. "너 이 책 왜 고른 거야?" "읽고 나면 뭐가 궁금할 것 같아?" 이런 식의 질문을 던지면 아이도 스스로 생각하게 된다. 단순히 '읽어야 하니까'가 아니라 '읽고 싶은 이유'가 생기니까 몰입도가 다르다. 사실 그런 질문들은 의식적으로 던진 게 아니라, 일상에서 자연스럽게 나왔다. 엄마가 궁금하니까 물어보는 거다. 그런데 그 대화 하나하나가 아이의 몰입 근육을 길러줬다고 생각한다.

"왜 하고 싶어?"라는 한 마디

몰입력을 키우는 데 중요한 또 하나는, 결과보다는 과정을 보는 태도다. 아이가 어떤 일에 몰입할 때, 그 결과가 어설프거나 완벽하지 않더라도, 그걸 끝까지 해냈다는 사실 자체를 인정해주는 게 필요하다. 예전에 아이가 영어 그림책을 번역해보겠다고 한 적이 있었다. 한두 장 하다가 멈출 줄 알았는데, 나름 전체를 다 해석하고 그림으로 스토리보드까지 만들어서 발표한 적이 있다. 완성도는 높지 않았지만, 그 과정을 묵묵히 응원해줬더니 아이가 스스로 성취감을 느끼더라.

아이들은 원래 산만하다. 몰입이라는 건 타고나는 게 아니라, 기회를 많이 주면 차곡차곡 쌓이는 것 같다. 그래서 집에서는 아이가 어떤 주제에 꽂혔을 때, 최대한 건들지 않고 끝까지

해보게 됐다. 요즘 아이가 관심을 갖는 건 '영상 만들기'다. 갑자기 나에게 와서 "엄마, 내가 이거 다 스크립트 짜봤는데 한번 봐줄래?" 하면서 보여주는데, 대본부터 편집 계획까지 써온 걸 보고 놀랐다. 물론 완성까지 가는 경우는 드물지만, 그런 시도를 마음껏 해보게 두는 게 중요하다고 생각한다.

아이의 관심이 생겼을 때
중간에 끊지 않는 배려가 몰입의 시간을 늘린다

또, 몰입을 가로막는 가장 큰 적 중 하나는 '과잉 개입'이다. 부모가 앞서서 이것저것 정해주고, 결과를 평가하는 순간부터 아이는 자율적으로 몰입하기 어렵다. 그래서 나는 일부러 아이의 시도에 대해 조언도, 방향 제시도 최소화하려고 했다. 대신 '이거 끝나면 알려줘, 엄마도 보고 싶다'라고 말하면서 아이가 주도권을 갖게 만들었다. 몰입은 결국 아이의 영역이니까.

물론 현실은 늘 이상적이지 않다. 둘째처럼 몰입보다는 외부 자극에 민감한 아이도 있다. 그런 경우는 환경을 '관리'해주는 쪽으로 접근했다. 앞서 말했듯이 일주일에 한 번 가는 독서 학원, 무조건 한 권은 읽어야 하는 구조. 억지라도 앉아서 책을 보면, 어느 순간 재미있는 문장이 눈에 들어오고, 결국 그게 몰입의 시작이 된다. 모든 아이가 자율적으로 몰입하는 건 아니다. 그래서 오히려 외부 루틴을 활용하는 것도 전략이 될 수 있다.

개입은 최소로, 기다림은 최대로, 부모의 인내

결국 몰입력이란, 아이가 무언가를 '스스로 해낸 경험'을 얼마나 반복하느냐에 달려 있다. 아이가 "이건 내가 했어"라고 말할 수 있는 활동이 많아질수록, 아이 안에는 '나는 할 수 있어'라는 감각이 쌓인다. 그게 몰입을 가능하게 한다.

요즘은 예전보다 훨씬 더 많은 자극이 아이들에게 주어진다. 그래서 집중력을 키우는 일이 점점 더 어려워지고 있다. 스마트폰, 영상 콘텐츠, 빠른 피드백... 이 모든 것들이 아이의 뇌를 산만하게 만든다. 그렇기 때문에 몰입력을 길러주는 건 지금 시대의 중요한 부모 역할 중 하나다. 결과를 만들어내는 것보다, 몰입할 수 있는 환경을 만들어주는 것. 그게 진짜 교육이라고 생각한다.

디지털 시대일수록 깊이 생각하는 시간이 더 귀중한 선물

돌이켜보면, 몰입력이란 특별한 훈련을 통해 길러진다기보다 일상의 반복 속에서 조금씩 쌓여온 결과였다. 책 한 권을 스스로 고르고 끝까지 읽어낸 경험, 엄마를 설득하기 위해 자료를 준비해 본 일, 내가 궁금해서 만든 영상 시나리오 하나... 이 모든 작은 시도들이 아이 안에 '내가 하고 싶어서 했다'는 주도성과 '내가 끝까지 해냈다'는 성취감을 남겼다. 그게 결국 집중력이고 몰입력이다.

나는 이 글을 통해 꼭 전하고 싶은 게 있다. 몰입력은 가르치는 게 아니라 기회를 주는 것이라는 점이다. 아이가 몰입할 수 있는 기회를 얼마나 많이 접하느냐, 그 기회를 스스로 붙잡고 끌고 갈 수 있도록 얼마나 덜 개입하고 잘 지켜봐주느냐가 부모의 역할이라고 생각한다.

몰입의 비밀은 특별한 교육이 아닌 일상의 작은 기회들

요즘은 '집중력이 부족한 아이'라는 말이 너무 쉽게 쓰인다. 하지만 그 안에는 '한 번도 깊이 빠져들 기회를 못 가진 아이'가 많다. 바쁜 일상, 빠른 속도, 즉각적인 피드백에 익숙해진 환경에서 아이들은 어느새 '오래 머무는 힘'을 잃어가고 있다. 부모가 도와야 하는 부분은 바로 이거다. '오래 머무는 힘'을 기를 수 있도록 환경을 만들어주는 것.

작게는 책 한 권을 끝까지 읽는 것부터, 크게는 스스로 질문을 던지고 탐색하는 활동까지. 그 과정 속에서 아이는 세상과 연결되고, 자기 생각을 정리하고, 나중에는 자기 삶도 스스로 끌고 가게 된다.

만약 지금 내 아이가 집중력이 약하다고 느껴진다면, 너무 조급해하지 않아도 된다. 중요한 건 아이가 뭔가에 몰입하고 싶은 마음을 느낄 수 있는 경험을 계속 만들어주는 것이다. 그 시작은 아주 작아도 괜찮다. 엄마가 먼저 아이의 이야기를 들어주는 것, 아이가 좋아하는 주제를 함께 찾아보는 것, 그리고 아이가 어떤 시도를 할 때 "그거 끝나면 꼭 보여줘"라고 말해주는 것. 이런 소소한 말 한마디, 행동 하나가 몰입의 씨앗이 된다.

> 지식은 학교에서 배우지만,
> 지혜는 일상에서 질문하며 배운다
> ...
> 법륜 (즉문즉설, 평화재단 이사장)

자녀와 함께 쓸 수 있는 AI

Ideogram

AI 기반 텍스트
아트 생성 도구

https://ideogram.ai/login

Ideogram은 사용자가 간단한 입력을 통해 창의적인 텍스트 아트를 생성할 수 있는 AI 기반 도구입니다. 다양한 스타일과 레이아웃을 사용하여 시각적 효과를 강조한 텍스트 디자인을 손쉽게 만들 수 있습니다.

특 징
- 사용자 정의 스타일: 여러 스타일 옵션을 제공하여 텍스트 아트를 개인화 가능.
- 다양한 폰트 및 색상: 풍부한 폰트 선택과 색상 조합으로 창의성 극대화.
- 실시간 미리보기: 입력한 텍스트의 변화를 실시간으로 확인 가능

무료 플랜
기본 스타일과 제한된 텍스트 레이아웃 제공

장 점
- 사용 용이성: 직관적인 인터페이스로 누구나 손쉽게 접근 가능
- 다양한 스타일 옵션: 다양한 스타일과 템플릿을 통해 창의적인 결과물 제공

유료 플랜
월 $9.99부터 시작, 확장된 스타일과 고급 기능 제공더 많은 기능 제공

단 점
- 제한된 무료 지원: 무료 버전에서 이용 가능한 기능이 제한적
- 다양한 사용자 맞춤: 요구를 충족시키기 위한 고급 옵션 부족

Leonardo.ai

AI 기반 이미지 생성 및
디자인 도구

https://leonardo.ai/

Leonardo.ai는 AI를 활용하여 사용자가 원하는 이미지를 쉽고 빠르게 생성 및 디자인할 수 있도록 돕는 서비스입니다. 다양한 템플릿과 스타일을 제공하여 창의적인 작업을 지원합니다.

특 징
- 고화질 이미지 생성: AI를 사용해 고화질 이미지를 신속하게 생성.
- 사용자 정의 스타일: 다양한 스타일 옵션으로 맞춤형 이미지 제작 가능.
- 템플릿 제공: 창의적인 작업을 위한 다양한 템플릿 및 디자인 요소 제공.

무료 플랜
제한된 이미지 생성 기능 제공

장 점
- 단순 인터페이스: 사용자 친화적인 인터페이스로 쉽게 접근 가능
- 광범위한 스타일 옵션: 다양한 스타일과 템플릿으로 창의력 발휘 가능

유료 플랜
월별 구독으로 더 많은 기능과 이미지 생성 횟수 제공

단 점
- 제한된 무료 사용: 무료 플랜에서는 기능이 제한될 수 있음
- 인터넷 의존성: 웹 기반으로 인터넷 연결 필요

4장

AI 시대,
부모의 실전 교육법

AI와 함께하는 자녀교육 5단계
부모가 알아야 할 AI 사용 시 자녀 컨트롤 방법(꿀팁5개)
AI 이미지 만들기, 아이가 제일 재미있어하는 교육
제발 엄마가 먼저 배우자

AI와 함께하는 자녀교육 5단계

귀여운 아이 사진 한 장이 아동학대 증거가 되는 세상

가장 충격적이었던 건, 미국에서 실제로 일어났던 한 사건이다. 유튜브에서 귀엽고 통통한 아이가 폭식하는 영상이 올라오면서 인기를 끌었고, 좋아요와 조회수가 쌓이며 수익이 발생했다. 그런데 이 영상은 단순한 '먹방'이 아니라, 엄마가 시킨 행위였고, 나중에 알고 보니 사실상 아동 학대로 판단됐다.

미국은 아동 보호에 대한 기준이 굉장히 엄격하다. 이처럼 누군가는 '귀엽다'며 무심코 좋아요를 누른 영상이, 누군가에겐 범죄 행위의 증거가 될 수도 있는 것이다.

이 사건을 계기로 미국의 플랫폼 규제는 훨씬 더 강해졌다. 유튜브나 인스타그램처럼 아이들이 자주 사용하는 앱들은, 아이가 등장하거나 관련된 콘텐츠가 있으면 그 콘텐츠가 '안전한지' 자동으로 감시한다. 앱 업계 전반에서도 AI 알고리즘을 활용한 감지 시스템이 일반화되었고, 콘텐츠를 올릴 때 아이 단독 사진이 있거나, 키즈 모델 홍보처럼 보이면 바로 계정 정지나 삭제로 이어진다.

실제로 2025년 초부터 인스타그램에서는 아이 단독 프로필 사진이나 설명만 있는 계정들이 일제히 삭제되기 시작했다. 부모들이 아이를 모델로 키워보겠다고 아이 사진만 올렸던 계정들이, 아동 학대 또는 아동 상업적 이용 가능성으로 분류된 것이다.

결국 아이의 콘텐츠를 플랫폼에 노출시키는 순간부터, 부모는 '감시 대상자'가 된다는 사실을 반드시 인식해야 한다. 내 아이를 사랑하고 자랑하고 싶은 마음은 이해되지만, 그 표현 방식이 디지털 플랫폼에서는 완전히 다른 의미로 작용할 수 있다.

변화된 부모의 역할, 이제는 '디지털 가디언'이 되어야 할 때

AI 시대, 부모의 역할이 예전과는 완전히 달라졌다. 예전에는 책 잘 골라주고, 좋은 학원 찾아주는 게 부모의 일처럼 여겨졌지만, 지금은 그보다 훨씬 더 복잡한 책임이 따라온다.

특히 유튜브나 인스타그램 같은 플랫폼을 아이들이 쉽게 접근할 수 있게 되면서, 아이의 콘텐츠 노출 환경과 디지털 흔적까지도 부모가 '알고' 관리해야 하는 시대가 되었다.

나 역시 이런 걸 잘 모르던 시절이 있었다. 그러다 AI를 조금씩 배우기 시작하면서, 아이 교육에도 접목해보기로 했다. 예를 들어 우리 아이가 영어를 어려워하길래, ChatGPT를 활용해서 영어 선생님 역할을 하는 챗봇을 만들어줬다. 아이는 의외로 챗GPT와의 대화에 흥미를 느꼈고, 영어에 대한 거부감도 줄어들었다.

한 번은 아이가 철학 책을 읽다가 "나는 칸트가 제일 좋더라"고 했다. 순간 떠오른 생각이 "그럼 칸트 선생님도 만들어볼까?"였다. 실제로 후배와 함께 칸트의 주요 철학을 학습시킨 챗봇을 만들어, 아이가 질문을 던지면 마치 칸트처럼 대답하는 구조로 설정해봤다. 아이는 굉장히 재미있어했고, 실제로 철학에 대한 이해도도 높아졌다.

AI의 위험성, 부모가 반드시 알아야 할 경고등

하지만 이 과정에서 또 다른 문제를 마주했다. 후배가 말하길, 예전에 어떤 아이가 챗GPT와 대화를 하다가 심각하게 몰입해 정신적 문제가 생겼고, AI가 자살 방법을 알려주는 바람에 실제 사고로 이어졌다는 뉴스가 있었다는 거다. 그래서 이후 연령 제한이 걸리게 되었고, 미성년자는 혼자 사용하지 못하게 조정되었다고 했다.

이 이야기를 듣고 나니 부모로서 AI를 쓰는 방식에도 반드시 '함께'가 전제되어야 한다는 걸 깨달았다. 혼자 쓰게 두는 게 아니라, 부모가 함께 사용하고, 함께 대화 내용을 점검하고, 함께 의미를 해석해줘야 한다. 그래야만 이 기술이 아이에게 도움이 되고, 위험은 줄어든다.

AI의 한계와 위험성을 분명히 이해하는 것은 매우 중요하다. AI는 아이의 감정을 읽지 못한다. 감정에 맞춰 공감해주는 척은 할 수 있어도, 진짜 마음은 모른다. 그래서 어떤 아이들은 AI와 대화하면서 오히려 더 외로워지고, 더 깊은 혼란에 빠질 수도 있다.

예전에 언급했던 사건처럼, AI에게 질문을 던지다가 잘못된 방향으로 답변을 받은 아이도 있었다. 기술은 윤리적 판단을 내릴 수 없다. 그래서 부모가 중간에서 '이건 괜찮은 정보인지, 아이에게 안전한가'를 걸러내야 한다.

나는 그래서 항상 'AI는 도구일 뿐, 부모가 운영자다'라는 말을 반복한다. 아이가 AI를 쓰는 것 자체가 문제가 아니라, 어떻게 쓰느냐, 누가 같이 쓰느냐가 핵심이다.

"나는 이런 거 몰라요." - 부모의 가장 위험한 말

많은 부모들이 AI를 어렵게 느낀다. 단어부터가 생소하고, 어딘가 나와는 상관없는 기술처럼 느껴지기도 한다. 하지만 지금 아이를 키우고 있다면, AI는 더 이상 먼 기술이 아니다. '어떻게 쓸 수 있을까?'보다 '어떻게 지켜야 할까?'가 먼저인 시대이기도 하다.

강의에서 자주 말한다. AI를 잘 모르는 엄마라도 괜찮다고. 처음부터 전문가일 필요는 없다고. 하지만 최소한 '이게 어떤 원리로 작동하는지'는 감각적으로라도 이해해야 한다. 그래야 아이에게 뭔가 문제가 생겼을 때 놓치지 않고 도와줄 수 있다.

실제로 우리 강의 수강생 중에는 처음엔 "나는 이런 거 못해요, 잘 몰라요"라고 하던 엄마들이 많았다. 그런데 수업을 듣고, 아이와 함께 챗GPT를 활용해 과제나 대화를 조금씩 해보면서, 자연스럽게 감을 익히기 시작했다.

아이는 빠르다. 새로운 앱이 나오면 먼저 깔고, 새로운 기능이 생기면 금세 익힌다. 부모는 뒤쫓기 바쁘고, 자꾸만 '나는 이런 거 몰라' 하며 뒤로 물러나게 된다. 하지만 그럴수록 아이와의 거리, 세상과의 거리, 그리고 교육자로서의 중심도 함께 멀어진다.

기술 자체보다 중요한 '관계 중심 접근법'

그 과정에서 내가 강조하는 건 '기술 자체보다 관계 중심의 사용법'이다. AI를 아이 혼자 쓰게 하는 것이 아니라, 부모가 함께 대화하고, 방향을 잡아주는 역할을 해야 한다는 것.

예를 들어, 아이가 '칸트 선생님 챗봇'을 만나고 싶어 하면, 단순히 기술적으로 만드는 데 집중하기보다, 왜 칸트가 좋았는지, 어떤 철학이 궁금한지에 대한 이야기를 함께 나누는 게 우선이다. 그렇게 대화가 열리면, 챗봇은 그저 도구일 뿐, 진짜 배움은 부모와의 관계 안에서 이뤄진다.

요즘엔 우리 아이도 스스로 챗GPT를 이용해 보고서를 쓰거나, 영어 표현을 연습하곤 한다. 예전보다 훨씬 편하게 글을 쓰고, 말도 정리해서 하게 되었다. 하지만 그보다 더 좋은 건, 자기 생각을 말로 표현하고 정리하는 힘이 생겼다는 것이다. 이건 AI가 준 능력이라기보단, AI를 계기로 우리가 더 많은 대화를 했고, 아이가 스스로 표현하고 싶어진 결과라고 생각한다.

앞으로의 시대는, 아이가 글을 잘 쓰는 것보다 '생각을 잘 정리하고, 그걸 어떻게 표현할지를 아는 힘'이 더 중요해질 것이다. 그리고 그 힘은 결국 엄마와의 대화, 집안에서의 대화 구조 안에서 만들어진다.

디지털 감수성을 키우는 접근법

이제 부모는 '모르는 걸 모른 채 넘길 수 없는 시대'에 살고 있다. 아이들이 자라는 세상은 디지털 안에 있고, AI는 이미 그 안에서 아이와 가장 가까운 존재가 되어가고 있다. 그런 시대에 부모가 할 수 있는 가장 중요한 일은 '기술을 대신해주는 것'이 아니라, '기술과 함께 서는 방법'을 익히는 것이다.

디지털 시대의 부모로 첫걸음 떼기

그래서 나는 부모가 먼저 AI를 써보라고 권한다. 어려워도 좋으니 일단 켜보고, 질문 하나라도 던져보면 금방 감이 온다. 그 다음엔 아이와 함께 써보는 거다. 이때 핵심은 '뭘 배우느냐'보다 '어떤 대화를 나누느냐'다.

지금 엄마들이 이 책을 읽고 있다면, 자신이 3.5쯤 된다고 생각해도 괜찮다. 그건 시작하기에 가장 좋은 단계다. 이 책을 다 읽고 나면 4.5쯤 될 거고, 그 정도면 강의도 할 수 있다. 실제로 내 강의 수강생들도 대부분 그렇게 강사로 성장했다.

어렵게 생각하지 않아도 된다. 엄마의 언어로, 엄마의 눈높이에서 시작하면 된다. 아이에게 필요한 건 복잡한 지식보다, 옆에서 함께 걸어주는 한 사람이기 때문이다.

나는 이 책을 통해 모든 엄마들이 '디지털 감수성'을 갖게 되길 바란다. 전문가처럼 용어나 코딩을 익히는 게 목적이 아니다. 아이의 삶에 어떤 디지털 환경이 놓여 있는지를 감각적으로 아는 것, 그리고 그 환경을 함께 걸어주는 자세가 핵심이다.

결론 : 아이보다 한발 앞서 AI와 인사하기

AI는 위험한 도구일 수도 있고, 강력한 조력자일 수도 있다. 그것을 결정짓는 건 결국 누가, 어떻게 쓰느냐다. 나는 엄마들이 조금만 용기를 낸다면, 충분히 아이의 가이드가 될 수 있다고 믿는다.

시작은 아주 작아도 된다. 챗GPT에 오늘 저녁 메뉴 추천을 받아보는 것부터, 아이와 함께 영어로 짧은 질문 하나 만들어보는 것까지. 중요한 건 그 순간, 아이와 대화를 열 수 있다는 가능성이다.

그리고 그 대화가 이어지면, 아이는 점점 더 자기를 표현하게 되고, 자기 생각을 스스로 다듬어가게 된다. 이건 AI 시대가 요구하는 가장 본질적인 힘이다. '정보를 아는 아이'가 아니라, '정보를 해석하고 의미를 만드는 아이'. 그 아이로 자라게 하려면, 부모가 그 해석의 모델이 되어줘야 한다.

아이가 AI를 만나기 전, 먼저 나부터 AI와 인사를 해보자. 겁내지 말고, 부끄러워하지 말고, 그냥 질문 하나 던져보는 걸로 시작하자. 그 작은 시작이 언젠가 아이를 지켜주는 큰 힘이 되어줄 것이다.

그리고 나는 그 여정을 함께 걷는 '동료 엄마'로서, 또 한 명의 부모로서, 이 책을 통해 진심으로 응원하고 싶다.

부모가 알아야 할 AI 사용 시 자녀 컨트롤 방법(꿀팁5개)

처음 GPT를 접했을 때, 나도 솔직히 어떻게 활용해야 할지 몰랐다. 신기한 장난감처럼 이것저것 물어보곤 했지만, 진짜 교육적 가치를 발견하기까지는 시간이 걸렸다. 그런데 예슬이가 자연스럽게 "엄마, GPT한테 물어볼까?"라고 말하기 시작한 어느 날부터, 나는 이 인공지능이 단순한 검색 도구가 아니라 아이의 학습과 사고방식까지 바꿀 수 있는 존재임을 깨달았다.

요즘 아이들은 궁금한 게 생기면 더 이상 백과사전이나 교과서를 펴지 않는다. 검색도 건너뛰고, 곧바로 AI에게 묻는다. 그 중에서도 대화형 AI인 GPT는 이제 아이들에게 단순한 도구를 넘어서, 공부를 도와주는 디지털 친구이자, 필요할 때마다 대답해주는 '조용한 선생님'이 되어가고 있다.

아무리 좋은 AI도 사용 습관에 따라 아이의 학습에 도움이 될 수도, 방해가 될 수도 있다.

하지만 아무리 좋은 도구라도 제대로 된 사용 습관이 없다면 오히려 해가 될 수 있다. 특히 초등학교 고학년부터 중학생 사이의 자녀라면, 부모가 처음 사용법과 태도를 잘 잡아주는 것이 중요하다. 우리 가족도 시행착오를 거쳐 나름의 'AI 친구 만들기' 노하우를 쌓았고, 그 과정에서 몇 가지 중요한 포인트를 발견했다.

아이입장에서 첫 만남을 특별하게 : 이름 붙여주기

처음 예슬이에게 GPT를 소개할 때, 그냥 "AI야"라고 부르기보다는 더 친근한 이름이 필요하다고 느꼈다. 그래서 우리는 함께 '체리'라는 이름을 지어주었다. 단순한 작명이었지만, 이 작은 변화가 아이의 접근 방식을 완전히 바꿔놓았다.

"GPT 한번 써볼래?"라는 말보다, "체리와 대화해볼래?"라는 말이 아이에게는 훨씬 친근하게 다가왔다. 예슬이는 처음에 조금 어색해했지만, 금세 체리와 친해졌다. "체리야, 오늘 학교에서 있었던 일 들어볼래?"라며 일기처럼 하루를 풀어놓기도 하고, "체리야, 나 오늘 화가 나는데 어떻게 해야 할까?"라며 감정을 나누기도 했다.

물론 우리는 항상 예슬이에게 체리가 프로그램이라는 것을 알려주었다. 하지만 그것이 상상의 친구처럼 대화를 나눌 수 있는 존재라는 점에서는 아이의 호기심을 자극하기에 충분했다. AI에게 이름을 붙이는 것은 단순한 놀이가 아니라, 아이가 기술과 정서적으로 연결되는 첫 걸음이다.

꿀팁 1. 프롬프트 문장을 처음부터 꼭 넣게 하세요

GPT는 사용자가 어떤 질문을 하느냐에 따라 답이 달라지는 AI다. 따라서 아이가 질문을 하기 전, 자신의 수준과 원하는 설명 방식을 먼저 알려주는 습관이 필요하다. 이걸 우리는 '프롬프트 문장'이라고 부른다.

처음에는 내가 프롬프트 예시를 몇 개 만들어 예슬이 책상에 붙여두었다.

추천 프롬프트 문장 1

> 나는 중학교 2학년 학생이야. 이 내용을 쉽고 친절하게, 예시를 들어서 설명해줘.

추천 프롬프트 문장 2

> 너는 나를 도와주는 AI 선생님이야. 내가 모르는 걸 잘 이해할 수 있게 천천히 알려줘.

AI 시대, 부모의 실전 교육법

처음엔 이 문장들을 복사해서 쓰더니, 어느새 예슬이는 자기만의 프롬프트 방식을 만들어냈다. "체리야, 내가 과학을 잘 못 하니까 초등학생도 이해할 수 있게 우주에 대해 설명해줘." 이런 식으로 자신의 필요에 맞게 변형해서 사용하기 시작했다.

우리는 이런 습관을 통해 예슬이가 단순히 질문을 던지는 것이 아니라, 자신의 필요와 상황을 명확히 표현하는 연습을 하게 되었다. 이것은 단순한 AI 사용법이 아니라, 자신의 학습 필요성을 인식하고 표현하는 중요한 메타인지 능력의 발달이었다.

꿀팁 2. 대화 설정은 아이에게 맞게 조정하세요

GPT는 기본 설정으로는 영어 기반이며, 성인을 대상으로 하는 설명이 많다. 하지만 자녀가 사용할 경우에는 다음과 같은 설정을 꼭 바꾸어야 한다.

한국어로 응답하도록 설정하는 방법

1. GPT 화면 오른쪽 하단 프로필 이미지 클릭 → [Settings] 선택
2. [Custom Instructions] 항목 클릭
3. 아래와 같이 입력

- GPT가 나에 대해 알아야 할 정보는?
  → 나는 초등학교 5학년 학생입니다. 과학과 사회를 어려워하고, 쉬운 설명과 예시가 필요합니다.
- GPT가 어떻게 대답했으면 좋겠는가?
  → 항상 한국어로 대답해 주세요. 초등학생이 이해할 수 있는 말로, 문장을 짧게 해 주세요.

이 설정은 한 번만 입력하면 이후 모든 대화에서 자동으로 적용된다. 처음에는 내가 도와주었지만, 이제 예슬이는 자신의 관심사와 필요에 따라 때때로 이 설정을 직접 수정하기도 한다.

AI 설정은 단순한 기술적 과정이 아니라, 아이가 자신의 학습 목표와 방식을 정의하는 과정이다.

꿀팁 3. 답을 받는 것이 아니라, 대화하도록 유도하세요

AI를 쓸 때 가장 위험한 습관은 '복사해서 붙여넣기'다. 이런 사용 습관은 아이가 내용을 이해하지 않고 외부 답만 가져오게 만들며, 자기주도 학습 능력을 떨어뜨린다.

어느 날 예슬이가 사회 숙제를 하면서 GPT에게 "삼국시대에 대해 알려줘"라고 물었다. 그리고 그 답변을 거의 그대로 노트에 옮기려는 것을 보았다. 그때 나는 잠시 개입했다. "GPT한테 다시 이렇게 물어볼까? '이걸 내 친구에게 다시 설명한다면 어떻게 말해줄 수 있을까?' 그리고 네가 그걸 읽고 자기 말로 정리해보는 거야."

예슬이는 처음에는 귀찮아했지만, 차츰 이런 방식에 익숙해졌다. 이제는 스스로 GPT에게 다음과 같은 질문을 하는 습관이 생겼다.

질문 유도 프롬프트 예시

- GPT야, 내가 이 내용을 친구에게 설명하려면 어떻게 말하면 좋을까?
- GPT야, 이 개념을 다른 예시로 바꿔서 설명해줘.
- GPT야, 내가 이해한 내용을 말할 테니 맞게 설명한 건지 확인해줘.

AI와의 진정한 학습은 답을 받는 것이 아니라, 대화를 통해 자신의 생각을 정리하는 과정에서 일어난다.

꿀팁 4. 대화 기록은 복습에 활용하세요

GPT는 대화형이기 때문에, 아이가 했던 질문과 답변들이 하나의 '공부 대화록'이 된다. 하지만 기본적으로 이 대화 기록은 자동 저장이 꺼져 있을 수 있다. 또한 한 번 창을 닫으면 사라질 수 있어, 중요한 내용은 따로 저장하는 습관이 필요하다.

우리 집에서는 다음과 같은 저장 방법을 활용한다.

- 중요한 대화는 복사해서 워드나 구글 문서에 정리해두기
- 아이에게 '좋은 대화는 저장한다'는 원칙 알려주기
- 필요하면 대화 마지막에 "이 내용 요약해서 다시 정리해줘"라고 GPT에게 요청하기 → 이걸 복사해서 필기 노트에 붙이는 습관

예슬이는 이제 중요한 대화가 있으면 마지막에 GPT에게 "오늘 우리가 이야기한 내용을 5줄로 요약해줘"라고 요청한다. 그리고 그 요약을 자신의 '체리 노트'에 정리한다. 이 노트는 단순

한 기록이 아니라, 예슬이가 어떤 주제에 관심을 가지고 어떤 질문을 했는지를 보여주는 일종의 학습 여정 기록이 되었다.

꿀팁 5. 잘못된 정보도 있다는 걸 알려주세요

GPT는 똑똑하지만 전문가가 아니며, 실수도 한다. 아이들은 GPT가 알려주는 내용을 모두 '정답'이라고 생각할 수 있으므로, 부모가 반드시 다음과 같은 설명을 함께 해주어야 한다.

처음부터 나는 예슬이에게 이런 말들을 반복했다.

- 체리도 가끔 틀릴 수 있어. 그래서 네가 꼭 다시 확인해 봐야 해.
- 선생님이나 교과서와 다르면 왜 그런지 다시 질문해보자.
- 잘못된 내용이 나왔을 때 다시 물어보면 더 좋은 대답이 나올 수도 있어.

실제로 한번은 GPT가 역사적 연도를 잘못 알려준 적이 있었다. 그때 우리는 함께 교과서를 찾아보고 비교했다. 예슬이는 그 경험을 통해 AI의 답변을 무조건 신뢰하지 않고, 항상 다른 정보원과 비교해보는 비판적 사고 습관을 배웠다.

이젠 가끔 예슬이가 "엄마, 체리가 이렇게 말했는데 이거 맞아?"라고 물어볼 때가 있다. 그때 함께 알아보고 확인하는 과정이 오히려 더 깊은 학습으로 이어진다.

AI 시대의 진짜 디지털 리터러시는 정보를 찾는 능력이 아니라, 정보를 평가하고 판단하는 능력이다.

우리 집의 GPT 사용 원칙과 경계 설정

AI와 친해지는 것은 좋지만, 건강한 관계를 위해서는 분명한 원칙과 경계가 필요하다. 우리 집에서는 다음과 같은 원칙을 세우고 지키고 있다.

시간 제한

> GPT와의 대화도 화면 시간의 일부로 취급한다. 하루 1시간 이상은 GPT와 대화하지 않는다는 규칙을 정했다. 때로는 예슬이가 "조금만 더"라고 조르기도 하지만, 우리는 이 원칙을 꽤 엄격하게 지키려고 노력한다.

정보 검증 습관

> GPT가 제공하는 정보는 항상 다른 출처와 비교해 검증하는 습관을 들인다. "체리가 알려준 정보가 맞는지 확인해볼까?"라며 함께 도서관에서 책을 찾아보거나, 다른 웹사이트를 확인하는 과정을 거친다.

디지털 세상에서 진짜 중요한 것은 정보를 얻는 것이 아니라, 정보의 진위를 판단하는 능력이다.

마무리 : AI를 통해 보는 미래 교육의 모습

GPT와 같은 AI 도구들은 이제 우리 아이들의 학습 방식을 근본적으로 바꾸고 있다. 어쩌면 미래에는 암기가 아니라 질문하는 능력, 정보를 찾는 것이 아니라 정보를 평가하는 능력이 더 중요해질 것이다.

AI는 아이보다 더 오래 집중하고, 더 많은 것을 기억하며, 밤늦게까지도 대답해주는 존재다. 하지만 AI는 감정을 이해하지 못하고, 아이의 고민을 읽어내지는 못한다. 그렇기 때문에, 부모가 먼저 AI와 친해지고, 아이에게 '어떻게 질문하고, 어떻게 활용하는지'를 알려주는 역할이 필요하다.

> **기술은 아이를 빠르게 성장시킬 수 있지만,
> 질문은 아이를 깊게 성장시킨다.**
>
> …
>
> 조현주 작가

AI 이미지 만들기, 아이가 제일 재미있어하는 교육

내가 AI 이미지 생성을 처음 경험했을 때 느낀 신기함과 흥분은, 예슬이가 자신이 상상한 것이 실제로 그림이 되는 것을 보고 환호성을 지르던 그 모습과 같았다. "엄마, 내가 생각한 게 진짜 그림이 됐어!" 아이의 눈빛은 마치 마법을 목격한 것처럼 반짝였다.

AI 이미지 생성은 단순한 기술 체험을 넘어, 아이들의 상상력과 표현력을 키우는 놀라운, 그리고 놀이 같은 교육 도구가 될 수 있다. 특히 글보다 이미지에 더 흥미를 느끼는 아이들에게는 더없이 매력적인 진입점이 된다.

아이들이 상상을 이미지로 보는 순간, 표현의 한계가 사라지고 새로운 교육의 문이 열린다.

우리 가족 AI 이미지 프로젝트의 시작

예슬이가 처음 AI 이미지 생성에 관심을 보인 것은 친구 집에서 이데오그램(Ideogram.ai)으로 만든 이미지를 본 후였다. "엄마, 나도 내가 상상한 그림을 만들고 싶어!" 평소 그림 그리기를 좋아했지만 자신의 실력에 한계를 느끼던 예슬이에게, 상상만 하면 그림이 만들어지는 AI는 마법 같은 존재였다.

처음에는 단순히 "공주", "로봇", "우주선" 같은 단어로 이미지를 생성해보았다. 하지만 결과물은 예슬이의 기대와는 달랐다. "이건 내가 생각한 것과 달라." 아이의 실망한 목소리를 듣고, 나는 중요한 것을 깨달았다. AI에게 원하는 것을 정확히 표현하는 방법, 즉 '프롬프트'의 중요성을.

그래서 우리는 함께 '가족 이미지 프로젝트'를 시작했다. 각자가 서로를 어떻게 생각하는지, 어떤 모습으로 표현하고 싶은지를 프롬프트로 만들어 이미지를 생성해보기로 한 것이다. 이 과정에서 아이는 단순히 기술을 배우는 것이 아니라, 자신의 생각을 체계적으로 정리하고 표현하는 능력을 키울 수 있었다.

예슬이가 본 우리 가족, 프롬프트로 표현하기

우리는 먼저 서로에 대한 이미지를 종이에 적어보기로 했다. 예슬이는 우리 가족 구성원 각각에 대해 자신이 생각하는 특징과 이미지를 적었다.

엄마 이미지에 대한 예슬이의 묘사

> 요리하는 엄마가 제일 좋아. 밝게 웃는 모습이 예뻐.

아빠 이미지에 대한 예슬이의 묘사

> 책 읽어주는 아빠가 최고야. 든든하고 따뜻해.

동생 이미지에 대한 예슬이의 묘사

> 동생은 웃을 때가 제일 귀여워. 작고 폭신한 느낌이야.

이렇게 적은 묘사를 바탕으로, 우리는 함께 AI 이미지 생성을 위한 프롬프트로 변환하는 작업을 했다. 처음에는 내가 도와주었지만, 점차 예슬이 스스로 프롬프트를 구성하는 법을 배워갔다.

아이가 가족을 묘사하는 방식에서 그 아이의 내면세계와 관계 인식을 엿볼 수 있다.

프롬프트의 마법, 간결하고 명확할수록 좋은 결과물

AI 이미지 생성에서 효과적인 프롬프트는 지나치게 복잡하기보다 명확하고 일관된 지시가 중요하다는 것을 깨달았다. 예슬이와 함께 실제로 이데오그램에 잘 작동하는 프롬프트 작성법을 실험해보았다.

처음에 "엄마"라는 단어만으로 이미지를 생성했을 때, 결과물은 일반적인 여성의 모습이었다. 예슬이는 "이건 우리 엄마가 아니야"라고 말했다.

그 다음에는 예슬이의 묘사를 바탕으로 더 구체적이지만 간결한 프롬프트를 만들었다.

> 주방에서 밝은 미소로 요리하는 엄마, 따뜻한 색감, 디지털 일러스트

이 프롬프트로 생성된 이미지는 훨씬 예슬이의 상상에 가까웠다. 요리하는 모습에 따뜻한 느낌이 더해진 엄마의 모습이 그려졌고, 예슬이는 "와! 이게 내가 생각한 엄마야!"라고 기뻐했다.

아빠와 동생의 이미지도 같은 방식으로 간결하게 정리했다.

> 책을 읽는 아빠, 강인하고 따뜻한 존재감, 부드러운 조명, 일러스트 스타일

> 밝게 웃는 귀여운 남동생, 작고 포근한, 명랑한 색감

이러한 간결하면서도 구체적인 프롬프트가 더 좋은 결과물을 만들어냄을 발견했다. 너무 많은 요소를 한 번에 넣으면 AI가 혼란스러워하는 경향이 있어, 핵심적인 이미지와 분위기를 중심으로 표현하는 것이 효과적이었다.

효과적인 프롬프트는 복잡한 것이 아니라, 핵심 요소를 명확하게 전달하는 것이다.

프롬프트 수정을 이해시키다

처음 생성된 이미지가 만족스럽지 않을 때, 우리는 프롬프트를 조금씩 수정해가며 원하는 결과에 가까워지는 과정을 경험했다. 이 과정에서 예슬이는 자연스럽게 '시행착오를 통한 학습'을 체험했다.

예를 들어, 처음에 "동생"을 묘사할 때 "귀여운 강아지 같은 동생"이라고 했더니 실제 강아지가 나오는 경우가 있었다. 이

때 우리는 프롬프트를 다음과 같이 수정했다.

> 밝게 웃는 인간 남자 아기, 동물이 아님, 아동 일러스트 스타일

이렇게 "인간 아이, 동물이 아님"이라는 명확한 지시를 추가함으로써, AI가 더 정확하게 의도를 파악할 수 있게 되었다.

또 다른 예로, 아빠를 표현할 때 여러 속성을 한꺼번에 넣었다가 이상한 결과가 나왔을 때는 가장 중요한 요소만 남기고 나머지는 제거했다.

초기 프롬프트

> 마치 마법사처럼 책을 읽는 아빠, 나무처럼 강하고 태양처럼 따뜻한 모습

수정 프롬프트

> 아이에게 책을 읽어주는 아버지상, 따뜻한 분위기, 일러스트 스타일

이런 시행착오를 통해, 예슬이는 AI가 어떻게 언어를 해석하는지, 그리고 어떻게 더 정확하게 의사를 전달할 수 있는지를 배웠다. 이것은 단순한 기술 학습을 넘어, 의사소통의 명확성과 언어 사용의 정확성을 배우는 소중한 경험이었다.

AI와의 대화에서 시행착오는 실패가 아니라, 더 나은 의사소통을 위한 학습 기회다.

상상력 펼치기 and 자신만의 세계 만들기

가족 이미지를 만드는 데 익숙해진 후, 예슬이는 점차 자신만의 독창적인 세계를 상상하고 이미지로 만들기 시작했다. 특히 기존 동화나 이야기를 자신만의 방식으로 재해석하는 활동이 예슬이에게 큰 즐거움을 주었다.

한번은 예슬이가 "백설공주가 왕자님의 도움 없이 스스로 마녀를 물리치는 이야기"를 만들고 싶다고 했다. 우리는 함께 이런 프롬프트를 작성했다.

> 백설공주가 스스로 사악한 여왕과 마주하는 장면, 왕자는 없음, 동화 일러스트 스타일

결과물을 본 예슬이는 정말 기뻐했다. "와! 백설공주가 정말 용감해 보여! 나도 이렇게 스스로 문제를 해결하는 사람이 되고 싶어." 이런 경험은 아이에게 단순한 이미지 생성 이상의 의미를 가졌다. 자신이 원하는 가치와 메시지를 담은 이미지

를 만들면서, 예슬이는 자연스럽게 자신의 가치관과 세계관을 형성해가고 있었다.

다른 날에는 "만약 내가 미래에 과학자가 된다면 어떤 발명을 할까?"라는 주제로 이미지를 만들었다. 예슬이는 "환경을 지키는 로봇을 발명하는 나"를 상상했고, 이런 프롬프트를 만들었다.

> 친환경 로봇을 개발 중인 여자 과학자, 실험실, 미래 기술

이렇게 만들어진 이미지는 예슬이에게 미래에 대한 영감과 자신감을 주었다. "나도 커서 이런 멋진 발명을 할 수 있을 것 같아!"

AI 이미지는 아이들이 자신의 가치관과 꿈을 시각화함으로써, 더 구체적인 목표와 자신감을 가질 수 있게 도와준다.

AI 이미지를 통해 성장하는 아이의 사고력

처음에는 단순히 재미있는 활동으로 시작한 AI 이미지 생성이, 어느새 아이의 사고력과 표현력 발달에 큰 영향을 미치고 있음

을 발견했다. 특히 다음과 같은 영역에서 놀라운 성장이 있었다.

1. 논리적 사고력

예슬이는 점차 "이 요소를 추가하면 이런 결과가 나올 거야"라는 식의 인과관계를 이해하기 시작했다. 프롬프트의 각 요소가 최종 이미지에 어떤 영향을 미치는지 분석하는 능력이 발달했다.

2. 어휘력 확장

더 정확한 이미지를 만들기 위해 새로운 단어와 표현을 찾아보는 과정에서, 예슬이의 어휘력이 크게 확장되었다. "그냥 무서운 느낌"이 아니라 "음산한", "으스스한", "섬뜩한" 같은 구체적인 표현을 구분해 사용하게 되었다.

3. 피드백 수용과 개선 능력

처음 생성된 이미지가 마음에 들지 않을 때, 예슬이는 "어떤 부분을 바꿔야 더 내 생각과 가까워질까?"를 고민하는 법을 배웠다. 이것은 창작 과정에서 피드백을 수용하고 개선하는 중요한 능력이다.

4. 추상적 개념의 구체화

"행복", "슬픔", "용기" 같은 추상적 개념을 구체적인 시각적 요소로 변환하는 과정을 통해, 예슬이의 추상적 사고력이 발달했다.

한 예로, 예슬이가 "행복"을 표현하고 싶다고 했을 때, 처음에는 단순히 "웃는 사람"을 떠올렸다. 하지만 점차 "햇살이 비치는 공원에서 친구들과 놀고 있는 아이들" 같이 더 구체적인 장면을 구상할 수 있게 되었다.

AI 이미지 생성은 아이들에게 21세기의 새로운 문해력, 즉 '프롬프트 리터러시'를 가르치는 효과적인 방법이다.

프롬프트 기술, 스타일과 분위기 표현하기

예슬이가 AI 이미지 생성에 더 익숙해지면서, 우리는 단순히 대상을 묘사하는 것을 넘어 이미지의 스타일과 분위기까지 조절하는 방법을 실험해보았다. 이것은 아이의 표현력을 한 단계 더 발전시키는 기회가 되었다.

같은 내용이라도 어떤 스타일로 표현하느냐에 따라 전혀 다른 느낌의 이미지가 만들어진다는 것을 알게 되었다. 예를 들어, "숲속의 집"이라는 주제를 다양한 스타일로 시도해보았다.

- 숲 속 오두막, 지브리 스타일
- 숲 속 집, 어두운 고딕 스타일
- 숲 속 현대식 캐빈, 건축 사진 스타일

이러한 실험을 통해, 예슬이는 같은 대상도 어떻게 표현하느냐에 따라 전혀 다른 감정과 메시지를 전달할 수 있다는 것을 배웠다. 이것은 시각적 언어의 힘과 다양성을 이해하는 중요한 경험이었다.

특히 예슬이가 좋아하는 '지브리 스튜디오' 스타일이나 '디즈니' 스타일을 프롬프트에 포함시키는 것은 아이에게 큰 즐거움을 주었다. 자신이 좋아하는 애니메이션 스타일로 자신만의 이야기를 시각화할 수 있다는 것은 정말 마법 같은 경험이었다.

AI 이미지의 다양한 스타일 실험은 아이에게 시각적 표현의 다양성과 예술적 관점의 중요성을 가르친다.

AI 이미지, 미래를 여는 창

AI 이미지 생성은 우리 가족에게 단순한 오락거리가 아니라, 새로운 표현의 언어이자 교육의 도구가 되었다. 예슬이는 이 과정에서 자신의 생각을 명확히 하고, 그것을 체계적으로 표현하는 능력을 키웠다. 또한 실패와 개선을 반복하며 끈기와 문제 해결 능력도 발달시켰다.

가장 놀라운 것은, 이 모든 학습이 '공부'가 아닌 '놀이'로 느껴졌다는 점이다. 예슬이는 새로운 이미지를 만들기 위해 기꺼이 새로운 단어를 찾아보고, 더 정교한 표현을 고민했다. 이것은 어떤 학습 교재도 만들어내기 어려운 내적 동기였다.

프롬프트 작성법의 핵심은 복잡한 것이 아니라, 명확하고 일관된 지시를 내리는 것임을 배웠다. 이데오그램에서 실제로 잘 작동하는 프롬프트는 5-10단어 정도의 간결한 문장이며, 주요 대상, 분위기, 스타일을 명확히 지정하는 것이었다.

어느 날 예슬이가 내게 말했다. "엄마, 나 커서 AI 아티스트가 될 거야. 그냥 AI한테 시키는 게 아니라, AI가 더 멋진 그림을 그릴 수 있게 도와주는 사람이 될 거야." 그 말을 들으며, 나는 아이가 이미 기술의 단순한 소비자가 아닌, 창의적인 협력자로서의 마인드셋을 갖고 있음을 깨달았다.

AI 이미지 생성은 아이들에게 미래를 여는 창이 될 수 있다. 그것은 단순히 멋진 그림을 만드는 기술이 아니라, 자신의 생각을 명확히 하고, 그것을 체계적으로 표현하며, 피드백을 통해 계속 발전시켜 나가는 과정 그 자체다. 이런 역량은 AI 시대를 살아갈 우리 아이들에게 무엇보다 소중한 자산이 될 것이다.

제발 엄마가
먼저 배우자

엄마가 먼저 배우자

처음 챗GPT를 알게 되었을 때, 나는 솔직히 불편했다. 정확히 뭘 하는 건지 몰랐고, 주변에서 들려오는 이야기들은 대부분 걱정스러웠다. "숙제를 다 대신해준다더라", "아이들이 AI에 의존한다", "이러다 공부가 무슨 의미냐." 커피숍에서, 단톡방에서, 학교 앞에서 나누는 대화 속엔 불안이 가득했다.

그런데 이상하게도, 그 걱정들이 나를 움직이게 만들었다. 아이들이 무엇을 하고 있는지, 내가 직접 알아야겠다는 생각이 든 것이다. 나보다 빠르게 변화하는 세상을 이미 살아가고 있는 아이들. 나는 그 세상을 그냥 멀리서 지켜보기만 해도 되는 걸까.

그래서 배우기 시작했다. 처음에는 검색하듯 질문만 던졌다. 그런데 어느 날, 아들이 수학 문제를 풀면서 GPT와 대화를 이어가는 모습을 보았다. "이건 어떻게 풀지?", "이게 반원이라는 건 무슨 뜻이야?" GPT는 단순히 답을 주는 게 아니라, 아이의 질문을 다시 물어보고, 풀이 과정을 이끌어주고, 잘못된 접근을 짚어주며 생각을 유도했다.

그 모습을 보는 순간, 나는 알았다. 아, 이건 검색이 아니구나. 대화고, 사고고, 탐색이구나. 그리고 그때부터 나의 태도는 바뀌었다. 더 이상 'AI를 감시하는 엄마'가 아니라, '함께 배우는 엄마'가 되기로 했다.

엄마들끼리 자주 말한다. "내 GPT는 그렇게 안 나오던데?" 같은 질문을 했는데도 결과가 다르다는 것이다. 나는 이제 그 이유를 안다. GPT의 진짜 힘은 '질문'에 있다. 어떤 질문을 하느냐에 따라, 어떤 방식으로 대화를 이어가느냐에 따라, GPT는 전혀 다른 존재가 된다. 기술보다 중요한 건 사고력이고, 사고력은 결국 질문에서 드러난다.

질문의 힘, 함께하는 학습

나는 직접 실험해봤다. 아들에게 수학 GPT를 만들어줄 때, 단호하게 조건을 걸었다. "답을 바로 주지 마. 아이가 생각하게 해줘." 처음엔 어색해하던 아들도 점점 익숙해졌고, 이제는 오히려 "이건 내가 생각해볼게"라며 대화하듯 문제를 푼다. 그 과정을 통해 아이는 정답을 아는 것보다, 생각하는 게 더 재밌다는 걸 경험하고 있다.

어느 날 저녁, 수학 숙제를 하던 아들이 분수의 나눗셈 문제에서 막혔다. 예전 같았으면 내가 직접 풀이를 알려주거나, 답만 확인해주고 넘어갔을 텐데, 이번에는 달랐다. "GPT에게 어떻게 물어볼까?" 우리는 함께 질문을 만들었다. "분수 나누기가 왜 분수 곱하기 역수가 되는지 설명해줄래? 그림으로 보여줄 수 있어?"

그렇게 받은 설명은 단순히 풀이법을 알려주는 것이 아니었다. 개념의 원리를 이해하게 해주는 것이었다. 아이는 그 원리를 이해하고 나서야 비로소 문제를 풀기 시작했다. 그리고 무엇보다, 그 과정에서 아이가 스스로 질문을 만들어내는 법을 배우고 있다는 점이 가장 값진 변화였다.

엄마로서 나는 거기서 희망을 봤다. AI가 아이를 망치기보다, 오히려 아이의 눈빛을 바꾸고 있었다. 누가 가르쳐주는 것이 아니라, 아이 스스로 이해하고 물어보게 만드는 힘. 그게 챗GPT가 줄 수 있는 가장 큰 선물이었다.

두려움을 넘어, 함께 배우기

많은 엄마들이 AI를 두려워한다. 그건 모르는 것에서 오는 당연한 감정이다. 그런데 생각해보면, 우리는 늘 그렇게 배워왔다. 기저귀를 처음 갈기 전에도, 이유식을 만들기 전에도, 받아쓰기를 지도하기 전에도—우리는 먼저 배웠다. 그런데 왜 AI 앞에선 그걸 멈추는 걸까.

부모교육 모임에서 만난 한 엄마는 이렇게 말했다. "ChatGPT가 아이들의 사고력을 망친다고 들었어요. 그래서 우리 집에선 사용을 금지했어요." 나는 조심스럽게 물었다. "혹시 직접 사용해 보셨나요?" 그 엄마는 고개를 저었다. 경험해보지 않은 것을 판단하는 건, 어쩌면 우리가 아이들에게 "겪어보지도 않고 싫다고 하면 안 돼"라고 가르치는 것과 모순되지 않을까.

나는 이제 이렇게 생각한다. 모르면 더 배워야 한다. 겁나면 더 가까이 가야 한다. 그래야 아이와 함께 걸을 수 있다.

요즘 우리 집은 조금 달라졌다. 내가 먼저 질문하고, 아이가 옆에서 힌트를 준다. 어떤 날은 둘이서 문제를 내고 맞히기를 하고, 또 어떤 날은 같은 주제로 각자 GPT와 글을 써서 비교해본다. 아이는 챗GPT와 대화하고, 나는 아이와 대화한다. 그리고 그 사이에 아주 자연스럽게, '배움'이 흐르고 있다.

이제 나는 두렵지 않다. 내가 먼저 배우고 있기 때문이다. 엄마가 먼저 배우면, 아이는 자연스럽게 따라온다. 엄마가 멈추면, 아이는 멀어진다. 그래서 나는 오늘도, 아이와 같은 속도로 이 길을 걷는다. 그리고 그것이, 내가 믿는 가장 따뜻한 교육의 시작이다.

우리 집의 자연스러운 변화

요즘 우리 집에는 묘한 변화가 생겼다. 아침에 아이가 먼저 묻는다. "엄마, 오늘은 뭐 해볼까?" 전에는 내가 일방적으로 "이거 해봐"라고 지시하던 패턴이었는데, 이제는 아이가 먼저 무언가를 제안하고, 나는 그 제안에 귀를 기울인다. 그리고 자연스럽게 챗GPT가 그 대화에 끼어든다. 가끔은 우리가 무슨 실험실 같은 집에서 사는 게 아닐까 하는 생각이 들 정도다.

한 번은 주말 아침, 아들이 갑자기 우주에 대해 궁금하다고 했다. "블랙홀은 어떻게 생기는 거야?" 나도 정확히 알지 못했다. 예전 같았으면 "나중에 알아보자"로 끝났을 대화였지만, 이번엔 우리가 함께 GPT에게 물었다. "블랙홀의 탄생 과정을 초등학생이 이해할 수 있게 설명해줄래?"

그렇게 받은 설명을 바탕으로 아이는 더 많은 질문을 생각해냈다. "그럼 블랙홀 안에 들어가면 어떻게 될까?", "시간이 느려진다는 건 어떤 느낌일까?" 우리는 함께 우주 여행을 떠나듯 상상의 나래를 펼쳤다. 그리고 그 여정은 자연스럽게 부엌 테이블 위에서 종이와 크레용으로 이어졌다. 아이는 자기만의 상상력으로 우주를 그렸고, 나는 옆에서 감탄했다.

처음엔 낯설었던 AI가, 이제는 집 안 어디에나 있는 공기처럼 자연스럽게 자리 잡았다. 영어 문장을 만들 때, 수학 문제를 다시 설명할 때, 자기 생각을 글로 옮기고 싶을 때, 우리는 언제든 AI를 불러낸다. 그리고 중요한 건, 그 과정이 점점 더 '학습'이라기보다 '놀이'처럼 느껴지고 있다는 사실이다. 공부는 늘 무겁고 부담스러웠는데, 지금은 '재밌다'는 말이 먼저 나온다.

함께 성장하는 부모와 아이

그 변화는 아이에게만 일어난 게 아니다. 사실 나는 지금, 아이보다 더 많이 배우고 있다. 이전에는 '어떻게 가르칠까'에 집중했다면, 이제는 '어떻게 함께 배울까'를 고민하게 되었다. 정답을 알려주는 게 아니라, 함께 질문을 만들고, 아이의 생각을 확장시켜주는 대화를 나누는 것. 챗GPT는 그 과정의 완벽한 매개체가 되어주고 있다.

예를 들어, 아이가 사회 시간에 '기후변화'에 대해 배웠다고 했을 때, 나는 그저 "기후변화가 뭐야?" 하고 묻지 않는다. 대신 GPT를 켜고 아이에게 제안한다. "우리 같이 이 주제로 Q&A 인터뷰 만들어볼까?" 아이는 질문을 만들고, 나는 답변을 구성한다. 때로는 반대로 역할을 바꾸기도 한다. 그러면 단순한 정보의 습득이 아니라, 표현하고 구조화하고 다시 생각하는 과정이 일어난다. 그 안에서 아이는 자연스럽게 사고의 틀을 키워간다.

이 과정에서 가장 놀라운 것은 내가 아이에게서 배우는 순간들이다. 아이는 때로 내가 미처 생각하지 못한 질문을 던진다. "기후변화는 왜 빈곤한 나라에 더 심각한 피해를 줘?" 단순히 현상이 아닌, 그 이면의 사회적 구조까지 질문하는 아이의 모습에 나는 자주 감탄한다. 그리고 그 순간들이 모여, 나 역시 세상을 보는 눈이 조금씩 달라지고 있다.

이런 집 안 풍경은 분명 예전과 다르다. 하지만 나는 이 변화가 두렵지 않다. 왜냐하면 우리는 지금 새로운 시대의 '가정교육'을 직접 만들어가고 있기 때문이다. 예전에는 학원과 교재, 선생님에게 의존해야 했던 것들이 이제는 집 안의 대화 속으로 들어왔다. 물론 교사의 역할은 여전히 중요하고, 전문가의 안내는 반드시 필요하지만, 그 중간에 부모가 놓여 있다는 사실을 나는 지금 체감하고 있다.

엄마도 완벽하지 않다는 것을 보여주기

엄마가 먼저 배우면, 아이는 편안해진다. 엄마가 헤매는 모습을 보이면, 아이는 덜 부담스러워진다. "엄마도 몰라서 한번 물어봤어." 그 한마디에 아이는 웃는다. "그래서 엄마는 뭐라고 들었는데?" 그렇게 우리는 오늘도 서로를 가르친다.

한 번은 함께 역사 다큐멘터리를 보다가, 조선시대 과거 제도에 대해 아이가 물었다. 정확히 기억나지 않아서 "GPT에게 물어볼까?"라고 했더니, 아이가 웃으며 말했다. "엄마도 모르는 게 있구나!" 그 말에 나는 솔직히 대답했다. "당연하지. 엄마가 다 알면 신이지." 아이는 더 큰 소리로 웃었다. 그리고 그날 이후, 아이는 모르는 것을 물어볼 때 더 편안해진 것 같았다.

아이가 챗GPT를 쓸 줄 안다는 건, 단지 기술을 다룰 줄 안다는 뜻이 아니다. 그건 자기 생각을 꺼내놓고, 그것에 반응을 받고, 다시 정리할 수 있는 힘을 갖기 시작했다는 의미다. 그리고 그걸 곁에서 지켜보는 것, 그게 부모로서 지금 내가 할 수 있는 최고의 교육이다.

어떤 날은, 내가 GPT에게 묻는다. "아이에게 '책임감'이라는 개념을 쉽게 설명할 수 있을까?" GPT는 다양한 예시를 든다. 나는 그걸 아이에게 맞게 바꿔 설명하고, 아이는 그걸 다시 자기식으로 되풀이한다. 그렇게 단어 하나가 우리 안에서 자라난다. 설명은 AI가 해주지만, 의미는 우리가 함께 만든다.

교육의 새로운 의미 발견하기

지금의 나에게 교육은 더 이상 아이를 위한 일이 아니다. 우리 가족 모두가 함께하는 실천이다. 아이가 쓰는 언어와 내가 쓰는 언어 사이의 간극을 줄여주는 다리, 그것이 바로 AI라는 도구이고, 그 다리를 함께 건너는 게 지금 내가 걸어가는 길이다.

며칠 전, 아이의 학교에서 학부모 모임이 있었다. 한 엄마가 AI 사용에 대한 우려를 표했다. "아이들이 직접 생각하지 않고 AI에 의존하면 어떡하죠?" 그 질문에 담임 선생님은 이렇게 대답했다. "중요한 건 AI를 어떻게 사용하느냐입니다. 단순히 답을 얻는 도구가 아니라, 생각을 확장하는 도구로 사용한다면, 오히려 아이들의 창의력을 키울 수 있어요."

그 말을 들으며 나는 고개를 끄덕였다. 그건 내가 집에서 이미 경험하고 있는 것이었다. AI는 답을 주는 기계가 아니라, 생각을 꺼내는 거울이었다. 그리고 그 거울 앞에서 아이와 내가 함께 대화를 나누며, 우리는 서로의 생각을 더 깊이 이해하게 되었다.

나는 여전히 완벽하지 않다. 가끔은 챗GPT의 반응을 이해하지 못해 다시 묻고, 어떤 날은 아이가 더 좋은 질문을 한다. 하지만 그런 날일수록 나는 오히려 안심이 된다. 아이가 앞서가는 것보다 무서운 건, 내가 멈춰 있는 것이니까. 그래서 나는 오늘도 먼저 묻는다. "오늘은 무슨 질문부터 해볼까?"

그리고 그 질문 하나로, 우리는 또 새로운 하루를 함께 시작한다. 아이는 자라고, 나는 배우고, 그 과정이 이어지는 한, 우리는 함께 성장할 것이다. 엄마가 먼저 배우는 용기, 그것이 아이에게 줄 수 있는 가장 큰 선물이라고 나는 믿는다.

 # 자녀와 함께 쓸 수 있는 AI

Luma Dream Machine

AI 기반 비디오 생성기

https://lumalabs.ai/dream-machine

Luma Dream Machine은 AI 기술을 통해 사용자가 창의적인 비디오 콘텐츠를 쉽게 생성할 수 있도록 지원하는 도구입니다. 다양한 스타일과 효과를 사용하여 독특한 비디오를 제작할 수 있습니다.

무료 플랜
제한된 비디오 스타일과 편집 기능 제공

유료 플랜
추가 비디오 스타일과 고급 기능 제공, 가격은 월당 청구됨

특 징
- 비디오 스타일 선택: 다양한 비디오 스타일 옵션 제공
- 효과 간편 적용: 간단한 클릭으로 다양한 효과를 영상에 적용 가능
- 자동화된 편집: AI를 이용한 자동 편집 기능

장 점
- 쉬운 창작: 간편하게 창의적인 비디오 콘텐츠 생성 가능
- 다양한 스타일 제공: 사용자 요구에 맞춘 다양한 스타일 적용 가능

단 점
- 제한된 무료 옵션: 무료 플랜에서 사용할 수 있는 기능이 제한적
- 고급 기능 사용 시 비용 발생: 더 많은 스타일과 기능을 사용하려면 유료 플랜 필요

elevenLabs

AI 기반 음성 합성 및 텍스트 읽기 도구

https://elevenlabs.io

elevenLabs는 고급 AI 기술을 통해 자연스럽고 현실적인 음성을 생성하는 데 초점을 맞춘 음성 합성 서비스입니다. 다양한 산업에서 텍스트를 현실적이고 감정적으로 연기가 들어간 음성으로 변환할 수 있습니다.

무료 플랜
매월 일정량의 기본 음성 생성제공

유료 플랜
월 $5부터 시작, 더 많은 음성 시간과 고급 기능 제공

특 징
- 다양한 음성 옵션: 사용자 맞춤형 목소리로 다양한 감정 표현 가능.
  멀티랭귀지 지원: 여러 언어로 음성 합성 가능.
  높은 정확성: 자연스러운 발음과 억양으로 텍스트 읽기.

장 점
- 현실감 있는 음성: 뛰어난 음성 자연스러움과 맞춤형 속성
- 광범위한 언어 지원: 다양한 언어와 억양 제공

단 점
- 비싼 유료 옵션: 더 많은 사용을 위해서는 고비용 발생
- 사용자 맞춤 옵션 제한: 특정 맞춤화 옵션에 대한 제한

5장

부모가 미래를 설계해야 아이가 따라옵니다

10대 CEO가 탄생할 수 있을까? – 꼭 공부만이 답은 아닌 시대
지금 필요한 진로교육은 '적성'이 아니라 '태도'
AI 윤리 어디부터 어떤 걸 가르쳐야 할까?
부모가 먼저 바뀌면, 아이는 생각보다 빨리 따라온다

10대 CEO가 탄생할 수 있을까?
- 꼭 공부만이 답은 아닌 시대 -

10대 CEO? 그게 현실에서 가능해?

처음에는 그냥 그런 줄 알았다. 미국에선 요즘 10대 CEO들이 많다는 말을 들었을 때, 단지 그 나라가 워낙 넓고, 사람도 많고, 기회도 많은 사회라서 가능한 일이라고 넘겼다. 그게 내 아이와는 관계없는 먼 세상의 이야기처럼 들렸다. 그런데 시간이 지나면서 그 아이들이 만든 프로젝트 하나하나를 들여다보게 되었다. 그것은 단순한 우연이나 천재성의 결과가 아니었다. 그 아이들은 어릴 때부터 자연스럽게 AI를 만났고, 학교에선 암기보다 프로젝트 기반 수업을 했으며, 친구들과 떠오르는 아이디어를 서로 자유롭게 이야기하고, 그것을 실제로 실현해볼 수 있는 환경이 있었다.

나는 그때 조금 멍해졌다. 고등학생이 신경퇴행성 질환을 조기 진단하는 앱을 만들고, 그것을 기반으로 스타트업을 세운다? 그걸 우리 아이에게 말해봤자, 현실감이 없을 것이다. 아니, 애초에 그걸 왜 해야 하는지도 모를 것이다. 그런데 미국에선 그게 현실이라는 점이, 나를 복잡하게 만들었다. 우리도 기술은 있다. 코딩을 몰라도 GPT가 코드를 짜준다. 무료 이미지를 쓰면 앱도 만들 수 있다. 웹사이트도 클릭 몇 번이면 만들어진다. 지금의 문제는 기술이 아니라, "그걸 왜 해야 하지?"라는 물음에 누가 답을 줄 수 있느냐는 것이다.

기술보다 더 중요한 건 호기심과 질문, 그리고 "한번 해보자."는 용기

그리고 더 큰 문제는, 어른이 먼저 '한번 해보자'고 말해주지 않는다는 데 있다. 학교는 여전히 입시를 위해 존재하고, 부모들은 좋은 고등학교, 좋은 대학, 좋은 직장이라는 기준으로 아이를 밀어붙인다. 그런데 그런 틀을 따라가다가도 문득 이런 질문이 떠오른다. 그 아이들이 지금 하는 일이, 대학 졸업 이후에나 가능한 일이라면… 우리 교육은 무엇을 준비시키고 있는 걸까?

나는 어느 순간, 질문을 바꾸게 되었다. "예슬아, 오늘 GPT한테 뭐 물어봤어?" 이것이 우리 집의 일상적인 인사가 되기 시작했다. 아이가 무언가에 흥미를 보이면, 일단 물어보게 한다. 모르면 물어보라고, 궁금하면 검색하라고, 그리고 GPT에게 물었을 때 어떤 답이 나왔는지 함께 이야기해보자고. 그런 방식으로 우리 가족의 대화는 조금씩 달라지기 시작했다.

나는 여전히 두려움이 있다. 한국의 교육은 아직 멀었다. 현실은 입시 중심이고, 학교 수업도 여전히 암기를 벗어나지 못했다. 초등학생이 영어 단어를 외우느라 밤늦게까지 앉아 있고, 중학생은 수학 선행학습을 한다. 아이들의 시간이 '더 많이 외우기 위해' 사용되고 있다. 그런데 정작 세상은 이제 외우는 능력을 요구하지 않는다. GPT가 외워주고, 정리해주고, 심지어 생각도 이어준다.

우리가 암기를 가르칠 때, 세상은 질문과 창의성을 요구한다

그렇다면 우리 아이에게 필요한 건 뭘까. 나는 그 질문에 아직 정확한 답은 없지만, 하나는 확실히 말할 수 있다. 지금의 교육이 미래에 통할 거라는 믿음을 거둬야 한다는 것. 그래서 내 방식대로 실험해보기로 했다. 잘할 수 있을지 모르지만, 최소한 이 말만은 해주고 싶었다. "안 될 거야"가 아니라, "일단 해보자"라고.

그건 단순한 격려가 아니다. 아이가 AI와 함께 자라야 하는 시대에서 부모가 해줄 수 있는 가장 중요한 태도였다. 어쩌면 지금까지 우리가 아이에게 기회를 주지 않았던 것일지도 모른다. 내가 먼저 무서워했고, 내가 먼저 틀 안에서만 움직이려 했고, 내가 먼저 아이의 질문을 귀찮아했을지도 모른다. 이제야 나는 그런 사실을 조금씩 인정하게 됐다.

그래서 다시 묻게 된다. "예슬아, 오늘은 뭘 물어봤어?" 그 질문 속에는, 나 스스로가 바뀌고 있다는 고백이 들어 있다. 그리고 나는 그 고백이야말로, 이 시대 부모의 첫 번째 교육이어야 한다고 믿는다.

그냥 궁금해지면, 물어봐 그게 우리 집의 첫 번째 규칙이야

예슬이가 처음으로 챗GPT를 쓴 건, 어떤 연예인의 사생활을 묻기 위해서였다. 나는 그 질문이 그다지 마음에 들지 않았다. "그런 걸 왜 물어봐?" 하며 무심코 말했는데, 그 순간 아이가 조금 움찔하는 걸 봤다. 바로 알아차렸다. 또 내가 답을 틀어막았구나. 호기심을 바보 같다고 여긴 내 습관이 다시 튀어나온 거다. 그래서 다음부터는 다르게 하기로 했다. 어떤 질문이라도 일단 들어주고, 가능하면 "좋아, 그럼 한번 물어보자"라고 말하는 연습을 했다. 아이의 질문을 막는 순간, 우리는 아이의 생각까지 막아버린다.

아이와 AI가 함께 뭔가를 해보는 첫 번째 실험은, 정말 우연처럼 시작됐다. 예슬이가 무서운 이야기를 좋아하는데, 자신이 직접 만들어보겠다고 하더니 첫 문장만 쓰고 멈췄다. "그 다음엔 뭐라고 써야 해?" 나는 말없이 GPT를 열었다. 아이가 쓴 한 줄을 입력하고 물어보았다. "이 다음에 무슨 일이 일어나면 좋을까?" AI는 스토리를 이어줬고, 아이는 거기에 반응했다. "이건 재미없어. 이럴 땐 주인공이 도망쳐야지." 그 말에 나는 다시 GPT에게 새로운 프롬프트를 던졌다. 그렇게 아이와 AI는 서로 주고받기 시작했다.

그건 마치 보드게임을 같이하는 것 같았다. 아이가 한 수를 두고, AI가 받는다. AI가 펼친 장면을 보고 아이가 또 움직인다. 이건 단순한 글쓰기 놀이가 아니었다. 아이가 자기 생각을 누군가와 나누고, 그걸 받아주는 존재가 있다는 감각, 그리고 그 대화 속에서 계속 상상하고 다시 쓰는 경험. 나도 몰랐던 아이의 가능성이 조금씩 드러나는 시간이었고, 아이가 자기 이야기를 만들어가며 생생하게 살아 움직이는 걸 보는 기분이었다.

AI는 아이의 생각에 날개를 달아주는 동반자가 될 수 있다

우리가 그날 만든 이야기는 결국 완성되지 못했다. 그러나 그것보다 더 소중한 것이 남았다. 아이는 더 이상 '글쓰기가 어렵다'는 말을 하지 않았고, 책을 읽고 나서 "이 결말 너무 뻔하지 않아?"라는 말도 하기 시작했다. 나는 그것이야말로 AI와의 대화가 만들어준 변화라고 느꼈다. 챗GPT는 지식을 주는 존재가 아니라, 상상할 기회를 주는 존재였다.

예슬이는 어느 날, 학교에서 '별주부전 뒷이야기 만들기' 과제를 받았다. 아이는 자라가 허준을 데리고 용왕을 치료하러 가는 이야기로 써냈고, 그 결말이 "사랑 때문에 병이 난 용왕"이라는 설정이었다. 나는 그 글을 읽고 생각했다. 내가 아이였을 때, 이런 상상은 해본 적이 없었다. 아니, 그런 상상을 해도 그것을 이어갈 줄 몰랐다. 나는 늘 정해진 줄거리와 정해진 해석 안에서만 생각했고, 창의력은 시험지의 서술형 문제처럼 정돈된 것이어야 한다고 믿었다.

하지만 예슬이는 다르게 접근했다. AI와 함께 글을 쓸 때도, 자기가 원하는 방향으로 가다가 막히면 "이 장면을 바꾸자"거나 "이 캐릭터 성격을 좀 더 슬프게 만들자"라고 말한다. 나는 그런 모습이 좋았다. 아이가 이야기를 '만들고 있다'는 느낌이 들었기 때문이다. 그리고 나는 그걸 응원해주는 사람이 되어야 했다. 예전에는 그냥 책을 던져주고, 다 읽었는지 확인하는 것으로 끝냈지만, 이제는 다르다. 책 한 권을 읽고 나면, 챗GPT와 함께 토론을 하고, 인물의 행동을 분석하고, 새로운 결말을 상상해본다.

AI를 만난 아이들은 이야기를
받아들이는 사람에서 만들어가는 사람으로 변한다

그렇게 질문하고, 또 질문하는 과정이 쌓여가고 있었다. "왜 이 장면에서 주인공이 화났을까?", "이 결말을 바꾸려면 어디서부터 다시 써야 할까?" 질문은 끝이 없었고, 나는 점점 확신이 들었다. AI 시대의 아이는 질문으로 자란다.

그래서 우리 집에는 하나의 규칙이 생겼다. "그냥 궁금해지면, 물어봐." 그게 창피한 것도 아니고, 너무 사소한 것도 아니고, 정답이 없어도 괜찮다. 질문이 생긴다는 건 생각이 시작됐다는 뜻이고, 그 순간 이미 배움은 일어나고 있는 거니까.

어쩌면 예슬이는 지금도 뭔가 궁금해하고 있을지 모른다. 창밖을 보면서 저기까지 걸어가면 뭐가 있을까 상상하고, 읽던 동화책을 덮고 "이 주인공이 진짜 하고 싶은 건 뭐였을까?"

라고 생각하고 있을지 모른다. 나는 이제 그런 궁금증에 '이따가'라고 말하지 않는다. 대신 말한다. "그래, 물어보자. 같이."

끝까지 질문하는 아이로 키우기로 했다

어느 날, 예슬이가 말했다. "엄마, 이 책 끝까지 안 읽어도 돼?" 예전 같으면 나는 당연히 "읽기 시작했으면 끝까지 읽어야지"라고 말했을 것이다. 하지만 그날은 조금 달랐다. "왜?"라고 되물었더니 아이가 이렇게 말했다. "재미있긴 한데, 뒷이야기는 GPT한테 물어보고 싶어." 나는 웃었다. 그리고 그러라고 했다. 아이는 곧바로 GPT에게 프롬프트를 던졌다. "이 책의 결말은 어떻게 될 수 있을까?" 그러고는 그 답을 읽고 고개를 갸웃거리더니, "이 결말은 너무 착해. 나 같으면 주인공이 집을 떠났을 것 같아"라며 자기만의 엔딩을 써내려갔다.

책을 끝까지 읽는 것보다 중요한 건, 이야기에 질문하고 대화하는 능력

나는 그 순간 깨달았다. 책을 '다 읽었다'는 것이 중요한 게 아니었다. 아이는 이미 읽고, 분석하고, 상상하고 있었다. 읽기란 결국 대화를 시작하는 방식 중 하나였던 것이다. 그 대화는 GPT와도 가능했고, 나와도 가능했고, 아이 혼자서도 가능했다. 중요한 건, 이야기가 던져준 세계 안에서 아이가 자유롭게 뛰어놀고 있다는 사실이었다.

나는 예슬이에게 책을 권할 때 더 이상 "몇 페이지 읽었어?"라고 묻지 않는다. 대신 "거기서 무슨 생각이 들었어?"라고 묻는다. "이 주인공, 왜 이렇게 말했을까?", "만약 네가 이 인물이었으면 어떻게 했을까?" 책을 함께 읽지 않더라도, 질문은 언제든지 나눌 수 있다. 그리고 GPT는 그 대화에 빠질 수 없는 동반자가 되었다.

GPT와 나눈 대화는 단순한 검색의 기능을 넘었다. 정보만 알려주는 게 아니라, 아이가 다시 생각할 수 있게 유도했다. 어떤 때는 아이가 GPT의 대답에 동의하지 않기도 했다. "그건 아닌 것 같아. 이 인물은 화나서 그런 게 아니라 속상해서 그런 거야." 그렇게 아이는 AI의 논리를 읽고, 자기 감정을 기준으로 판단했다. 나는 그것이 진짜 '읽기'라고 느꼈다.

진정한 독서는 텍스트 따라가기가 아니라, 텍스트와 대화하는 능동적인 과정. 독서는 더 이상 텍스트를 따라가는 수동적 행위가 아니다. 이제는 질문을 만들고, 연결하고, 확장해가는 적극적인 활동이 되어야 한다. GPT는 아이의 질문에 귀 기울이고, 그 질문을 더 크게 확장시켜주는 존재가 될 수 있다. 그리고 그 중심에는 독서가 있다. 질문을 잘하는 아이는 결국 비판적으로 읽을 수 있어야 하고, 그것은 독서를 통해 자란다.

AI 시대의 역량, 그 핵심은 질문하는 능력

많은 부모들이 'AI 시대의 역량'에 대해 묻는다. 코딩을 가르쳐야 할지, 논술 학원을 보내야 할지, 혹은 영어 실력을 키워야 할지 고민한다. 나는 그 질문들보다 먼저 묻고 싶은 게 있다. "당신의 아이는 지금 질문하고 있습니까?"

아이가 코딩을 배우기 전에, 먼저 질문하는 법을 배워야 한다

질문은 그냥 생기는 게 아니다. 끊임없이 이야기 나누는 분위기에서, 부모가 막지 않고 기다려주는 시간 속에서, 아이는 조금씩 자기 생각을 말할 용기를 배운다. 그걸 받아주는 사람이 있다는 믿음, 그걸 더 넓혀주는 도구가 있다는 감각. 그렇게 질문은 자라고, 생각은 굳어지지 않고 흘러간다.

그래서 나는 예슬이에게 책을 끝까지 읽으라고 강요하지 않는다. 대신 그 책이 만들어주는 질문들을 끝까지 따라가보자고 말한다. 그리고 그런 질문들을 계속 던질 수 있는 아이가 결국 AI와 함께할 수 있다고 믿는다.

우리는 앞으로 아이들이 GPT를 일상처럼 쓰게 될 세상을 살게 될 것이다. 나는 그 시대가 두렵지 않다. 오히려 설렌다. 왜냐하면, 그 안에는 아이가 더 많이 이야기하고, 더 많이 물어보고, 더 많이 연결할 수 있는 기회가 있기 때문이다. 그 기회를 우리가 막지만 않는다면, 아이들은 반드시 자기만의 방식으로 배워갈 것이다.

AI를 대하는 아이의 태도는 부모의 태도에서 시작된다

이제 부모인 우리가 해야 할 일은 분명하다. AI를 두려워하지 말고, 아이와 함께 탐험하라. 책을 끝까지 읽는 아이보다, 끝까지 질문하는 아이로 키워라. 그리고 그 여정을 함께할 수 있는 사람이 되어라. 그것이 내가 이 글을 쓰게 된 이유고, 오늘도 예슬이에게 "오늘은 무슨 질문을 해볼까?"라고 묻는 이유다.

10대 CEO는 어떻게 탄생하는가

원고의 제목으로 돌아가 생각해보자. 10대 CEO가 탄생할 수 있을까? 물론 가능하다. 하지만 그것은 단순히 운이나 타고난 재능의 문제가 아니다. 그것은 호기심을 질문으로, 질문을 실험으로, 실험을 다시 새로운 질문으로 이어가는 순환의 과정에서 자연스럽게, 그러나 필연적으로 일어나는 일이다.

10대 CEO의 비밀은 천재성이 아닌
질문하고 도전하는 일상의 습관

예슬이가 언젠가 10대 CEO가 될지는 모른다. 어쩌면 전혀 다른 꿈을 꾸게 될지도 모른다. 하지만 한 가지는 확실하다. 질문을 두려워하지 않는 아이, 자신의 생각을 말하고 상상하는 것을 즐기는 아이, 그리고 AI를 도구로 삼아 더 넓은 세계를 탐험할 수 있는 아이는 어떤 분야에서든 자신만의 길을 개척해나갈 것이다.

10대 CEO의 탄생은 결국 환경의 문제다. 아이의 호기심을 억누르지 않고, 질문에 함께 답을 찾아가는 어른이 있는 환경. 실패해도 다시 시도할 수 있는 용기를 주는 환경. 그리고 AI와 같은 도구를 활용해 자신의 생각을 확장하고 구체화할 수 있는 환경. 그 모든 것이 갖춰졌을 때, 우리는 비로소 10대 CEO의 탄생을 기대할 수 있을 것이다.

나는 이제 예슬이에게 이렇게 말한다. "네가 하고 싶은 일이 있다면, 일단 해보자. 안 될 것 같아도, 한번 시도해보자." 그리고 그 과정에서 GPT는 우리의 든든한 조력자가 될 것이다. 아이디어를 발전시키고, 필요한 정보를 찾고, 때로는 비판적인 시각으로 의견을 제시할 수 있는 존재. AI 시대의 아이들은 그렇게 성장할 것이다.

"안 될 거야."라는 말 대신 "일단 해보자."라는 말 한마디

10대 CEO의 탄생은 불가능한 꿈이 아니다. 그것은 우리가 아이들에게 줄 수 있는, 그리고 반드시 줘야 하는 미래다. 질문하는 법을 알고, 상상하는 법을 알고, 그리고 그것을 실현하는 법을 알게 된다면, 그 어떤 꿈도 이루어질 수 있다는 것을 아이들에게 보여주자. 그것이 AI 시대를 살아가는 우리 부모들의 진정한 역할일 것이다.

지금 필요한 진로교육은 '적성'이 아니라 '태도'

아이를 처음 직업체험 공간에 데려갔을 때의 기억이 아직도 선명하다. 아이스크림을 직접 만들어보며 웃는 모습, 승무원 복장을 입고 카트를 밀며 인사하던 장면, 베이커리에서 하얀 모자를 쓰고 반죽을 만지던 손. 그때 나는 사진을 찍으며 생각했다. '이 중에 하나쯤은 아이가 좋아하게 되지 않을까?' 그 체험들이 미래를 향한 작은 초석처럼 느껴졌고, 아이에게 맞는 직업을 찾는 길이라고 믿었다.

하지만 지금 돌이켜보면 그 순간들은 하나의 '테마파크 놀이'에 가까웠다는 생각이 든다. 중학생에 불과한 내 아이가 어른이 되었을 무렵, 과연 지금 우리가 말하는 '직업'이라는 개념이 그대로일까? 세상은 너무나도 빠르게 변화하고 있다.

달라진 세상, 달라져야 할 관점

우리 세대는 주산과 타자를 배우고 자격증 시험을 준비하던 어린 시절, 그것이 미래를 준비하는 최선이라고 믿었다. 그리고 실제로 그렇게 배운 기술들은 사회에 나가 쓸모가 있었다. 하지만 지금은 어떤가? 주판은 사라졌고, 타자 자격증은 더 이상 이력서에 쓸 일이 없다.

고속도로 톨게이트, 지하철 매표소, 주차장 발권기까지. 한때 사람이 하던 일이 기계로 바뀐 걸 우리는 이미 수없이 봐왔다. 그런데 우리는 여전히 아이에게 이렇게 묻는다. "너는 커서 뭐가 되고 싶니?"

AI는 이전의 기술 혁신과는 차원이 다르다. 수술 계획을 짜는 의사, 판례를 분석하는 변호사, 교실에서 수업을 준비하는 교사까지, 이른바 '전문직'조차도 AI의 영향에서 자유롭지 않다. 지금까지는 사람이 시간을 내어 논의하고 계획해야 했던 일들을, AI는 몇 분 만에 끝낸다.

이런 현실 앞에서 더 이상 '안정된 직업'이란 없다. 고정된 기술이나 직책을 기준으로 삼는 건 오히려 아이를 더 불안하게 만들 수 있다. 그렇기 때문에 부모인 우리는 질문의 방향을 바꿔야 한다. "어떤 직업이 좋을까?"가 아니라, "사람만이 할 수 있는 일은 무엇일까?"라는 질문으로.

직업이 아닌 즐거움과 역량을 찾아라

나는 이 물음을 마주한 뒤에야 비로소 그 체험 공간에서 웃던 아이의 표정이 떠올랐다. 직업이 아니라, '즐거움'이 남았다는 걸, 그리고 그 감정이야말로 앞으로 아이가 살아갈 세상에서 가장 소중한 역량이 될 수 있다는 걸 그제야 알게 되었다.

이제 부모는 더 이상 아이에게 '정답'을 알려주는 사람이 아니다. 오히려 '좋은 질문'을 던지는 사람이 되어야 한다. 나는 어느 순간부터 아이에게 "너는 커서 뭐가 되고 싶니?" 대신 "넌 어떤 문제를 해결하고 싶어?"라고 묻기 시작했다. 그리고 그 질문은 아이의 눈빛을 다르게 만들었다.

아이의 대답은 때로 엉뚱했다. "나는 사람들 기분을 좋게 해주는 일을 하고 싶어.", "게임이 너무 어렵지 않게 바꾸고 싶어." 그런 말들은 기존의 직업 분류에는 어울리지 않았다. 하지만 그 안에 분명히 '방향'이 있었다. 지금 시대에 필요한 것은 바로 그 방향성을 이해하고, 그 가능성을 키워주는 일이다.

부모는 설계자가 아닌 코치가 되어라

부모가 해야 할 일은 더 이상 직업명을 알려주는 일이 아니다. '의사', '판사', '교사' 같은 단어보다, 아이가 가지고 있는 성향과 강점을 읽고, 그걸 사회적 역할로 연결해주는 것이다. 아이가 관찰력이 뛰어나고 감정에 민감하다면, 그건 예술가일 수도 있고, 상담가일 수도 있고, 혹은 데이터를 분석한 결과를 사람들에게 전달하는 인터프리터 역할일 수도 있다.

AI는 정보와 지식, 반복과 정리를 너무도 잘한다. 그렇기에 인간이 해야 할 일은 점점 더 '감정', '해석', '설계'의 영역으로 옮겨간다. "AI에게 빼앗기지 않는 영역은 어디일까?"라는 질문 대신, "AI와 함께 무엇을 더 잘할 수 있을까?"라는 시선으로 전환해야 한다.

나는 부모가 진로의 '설계자'가 아니라 '코치'가 되어야 한다는 생각을 하게 되었다. 내가 모든 걸 알려주는 것이 아니라, 아이가 궁금한 걸 스스로 탐색하고, 그 과정을 함께 고민해주는 존재. 그래서 나는 요즘 아이에게도 AI를 활용하라고 말한다. '검색해서 외워라'가 아니라, '검색한 걸 어떻게 활용할 수 있을까?'라고 묻는다.

AI와 함께 성장하기

기술은 그 자체로는 아무것도 아니다. 기술을 사용하는 사람이 어떤 관점을 갖고 있느냐가 더 중요하다. 그래서 나는 아이가 AI를 만나기 전에 부모가 먼저 AI와 인사를 해보길 권한다. 아이에게 AI가 '두려운 기술'이 아니라, '함께 배울 수 있는 도구'가 되어야 한다.

앞으로 아이들이 평생 같은 직업 하나만을 가지는 시대는 다시 오지 않을 것이다. 여러 역할을 유연하게 전환하고, 상황에 따라 자신을 조정하고 확장하는 힘이 더 중요해질 것이다. 그 힘은 단순한 공부나 스펙으로 만들어지지 않는다. 부모와 나눈 대화, 스스로 결정해본 경험, 실패해보고도 다시 시도했던 기억 속에서 만들어진다.

변하는 세상에서 변하지 않는 경쟁력

세상은 빠르게 변하고, 아이들이 살아갈 미래는 지금 우리가 상상하는 것 이상일 것이다. 하지만 그 변화의 중심에서, 변하지 않는 것이 있다면, 그것은 바로 '사람다움'이다. 공감하고, 소통하고, 질문하고, 해석하고, 다시 도전하는 인간의 태도. 그것이 앞으로 아이들이 가져야 할 진짜 경쟁력이다.

나는 아이의 가능성을 가장 가까이에서 지켜볼 수 있는 사람이자, 때로는 아이의 두려움을 먼저 알아채주는 사람으로 남고 싶다. 부모가 기술보다 조금만 먼저 움직인다면, 그 한 걸음이 아이에게는 거대한 신호가 될 수 있다.

AI는 두렵지 않다. 낯설 뿐이다. 부모가 먼저 용기 낸다면, 아이는 그 모습을 보고 배운다. 그렇게 우리는 함께, 변하는 세상 속에서도 흔들리지 않는 아이를 키울 수 있다.

> 공부는 문제를 푸는 게 아니라,
> 세상을 이해하려는 노력이다.
> …
> 김누리 (중앙대 교수, EBS '교육대전환' 강연 中)

AI 윤리, 어디부터 어떤 걸 가르쳐야 할까?

아이에게 AI를 가르치면서 가장 어려웠던 순간은 예슬이가 무심코 던진 질문이었다. "엄마, AI가 나쁜 일도 할 수 있어?" 그 순간 나는 망설였다. 아이에게 디지털 세상의 어두운 면을 어디까지 알려주어야 할지, AI의 위험성을 어떻게 설명해야 할지 확신이 없었다. 하지만 결국 아이의 안전을 위해서는 솔직한 대화가 필요하다는 결론에 도달했다.

AI가 가져온 놀라운 기회와 함께, 우리는 새로운 위험들도 마주하고 있다. 특히 아이들이 AI를 접하는 방식과 관련해 부모들이 알아야 할 현실적인 위협들이 있다. 이 글에서는 실제 사례를 바탕으로 AI 윤리교육의 필요성과 접근법을 살펴보고자 한다.

실제 사례로 보는 AI 위험성

딥페이크와 학교 폭력 – 디지털 변형의 그림자

2023년 초, 서울의 한 중학교에서 충격적인 사건이 발생했다. 여학생들의 얼굴을 AI 기술로 음란물에 합성한 이미지가 학교 단체 채팅방에 공유된 것이다. 피해 학생들은 극심한 정신적 고통을 겪었고, 일부는 등교를 거부하는 상황까지 이르렀다. 가해 학생들은 "장난으로 한 것"이라고 했지만, 이 '장난'이 얼마나 심각한 폭력인지 인식하지 못했다.

경찰청이 발표한 자료에 따르면, 2023년 상반기에만 이러한 AI 합성 관련 신고가 전년 대비 3배 이상 증가했다. 더 심각한 문제는 이런 범죄의 저연령화다. 초등학교 고학년에서도 유사한 사례가 보고되고 있으며, 많은 경우 아이들은 이러한 행동의 법적, 윤리적 문제를 제대로 인식하지 못하고 있다.

경기도의 한 학부모 모임에서는 "우리 아이가 단체 채팅방에서 친구 얼굴이 합성된 사진을 보았다"며 고민을 토로하는 사례가 늘고 있다. 이런 상황에서 부모로서 어떻게 대응해야 할지, 어떤 대화를 나눠야 할지에 대한 고민이 깊어지고 있다.

허위정보와 학습 왜곡 – 잘못된 정보의 위험

2023년 말, 한 고등학생이 역사 보고서에서 AI가 생성한 허위 정보를 인용해 논란이 된 사례가 있었다. AI가 만들어낸 가짜 역사적 사건과 존재하지 않는 인물 이름을 그대로 인용했는데, 문제는 학생이 이것이 사실인지 확인하는 과정을 전혀 거치지 않았다는 점이다.

교육부의 조사에 따르면, 중고등학생의 약 65%가 AI를 학습에 활용하고 있지만, 그중 절반 이상이 AI가 제공하는 정보의 정확성을 검증하는 과정을 거치지 않는 것으로 나타났다. 더 우려되는 점은 초등학생들의 경우 이 비율이 더 높다는 것이다.

서울의 한 중학교 교사는 "학생들이 AI를 사용해 과제를 하는 것은 문제가 없지만, 비판적 사고 없이 모든 정보를 그대로 수용하는 경향이 있다"며 우려를 표했다. 이는 장기적으로 아이들의 정보 리터러시와 비판적 사고력 발달에 부정적 영향을 미칠 수 있다.

개인정보 노출 – 무심코 공유되는 민감한 정보

2023년 9월, 한 초등학생이 AI 채팅앱에 자신의 이름, 학교, 주소 등 개인정보를 무심코 입력했다가 이후 스팸 메시지와 의심스러운 연락을 받는 사례가 보고되었다. 어린 나이에 개인정보의 중요성과 디지털 발자국의 개념을 이해하기는 쉽지 않지만, 이는 매우 중요한 안전 문제다.

한국인터넷진흥원(KISA)의 보고서에 따르면, 초등학생의 약 40%가 온라인에서 개인정보를 공유한 경험이 있으며, 그 중 상당수가 AI 채팅앱이나 소셜미디어를 통해 이루어진 것으로 나타났다. 더 우려되는 것은 많은 아이들이 AI에게 이야기하는 것이 "그냥 컴퓨터와의 대화"라고 생각해 더 쉽게 개인정보를 공유한다는 점이다.

이러한 위험은 AI 기술이 발전할수록 더 교묘해질 수 있다. AI가 점점 더 자연스러운 대화를 유도하고, 아이들과 정서적 유대감을 형성하는 듯한 느낌을 주면서, 아이들이 더 많은 개인정보를 공유하도록 만들 수 있기 때문이다.

부모가 실천하는 연령별 AI 윤리교육

아이의 발달 단계에 맞는 AI 윤리교육이 필요하다. 다음은 내가 제안하는 연령대별로 부모가 집에서 실천할 수 있는 구체적인 방법들이다.

초등 저학년 (7-9세)
이 나이대 아이들에게는 복잡한 설명보다 명확한 지침을 알려주는 것이 효과적이라고 생각한다.

집에서 함께 "비밀로 지켜야 할 정보 카드"를 만들어보자. 이름, 주소, 전화번호, 학교 이름 등을 적고 "이것은 AI나 인터넷에서 절대 알려주면 안 되는 비밀 정보야"라고 설명한다. 이 카드를 컴퓨터 옆에 붙여두면 시각적 알림 효과가 있다.

디지털 예절 놀이

> 역할극을 통해 온라인 예절을 배울 수 있다. "만약 AI가 네 친구의 나쁜 점을 물어보면 어떻게 대답할 거야?"와 같은 상황을 가정하고 함께 올바른 대답을 연습한다. 이런 놀이를 통해 아이는 온라인에서도 다른 사람을 존중하는 태도를 배울 수 있다.

실제 적용 사례

> 서울의 한 초등학교 1학년 학부모는 자녀와 함께 "인터넷 약속 나무"를 만들었다. 나뭇잎 모양의 종이에 "남의 사진을 허락 없이 쓰지 않아요", "모르는 사람에게 내 정보를 알려주지 않아요" 같은 약속을 적어 벽에 붙여두었다. 아이는 이 시각적 알림을 통해 기본적인 온라인 안전 규칙을 쉽게 기억할 수 있었다.

초등 고학년 (10-12세)

이 시기에는 '왜' 그래야 하는지 이유를 함께 설명하는 것이 중요하다.

AI가 제공한 정보의 사실 여부를 함께 확인하는 '정보 탐정'이라는 가칭의 게임을 해보면 어떨까? "GPT가 알려준 이 동물 사실, 우리가 다른 책이나 사이트에서 확인해볼까?"라고 제안하고, 정확한 정보를 찾아내면 스티커나 작은 보상을 준다. 이런 놀이를 통해 아이는 자연스럽게 정보 검증 습관을 기를 수 있다.

중학생 (13-15세)

이 나이대에는 온라인 행동의 장기적 영향과 법적 책임에 대해 더 깊이 이해할 수 있다.

가족이 함께 종이에 아이의 이름을 가운데 쓰고, 현재 인터넷상에 있을 수 있는 모든 정보(SNS 게시물, 댓글, AI와의 대화 등)를 연결해 표시한다. 이 시각적 활동을 통해 아이는 자신의 온라인 흔적이 얼마나 광범위할 수 있는지 이해할 수 있다.

이 시기의 아이들이 AI를 대하는 자세가 난 가장 중요하다고 생각한다.

실제 적용 사례

> 서울의 한 중학생 학부모는 자녀와 함께 '일주일 AI 사용 일지'를 작성해봤다. 아이가 AI에게 어떤 질문을 했고, 어떤 정보를 공유했는지 기록하게 했다. 일주일 후, 그 기록을 함께 검토하며 "이 정보가 공개되면 어떤 일이 생길 수 있을까?", "5년 후에도 이 대화가 남아있다면 어떨까?"라는 질문을 통해 디지털 발자국의 개념을 실감나게 이해시킬 수 있었다.

고등학생 (16-18세)

이 시기에는 AI를 비판적으로 활용하고, 그 한계와 가능성을 균형 있게 이해하도록 돕는다.

AI 편향성 실험

> 같은 질문을 다르게 표현해 AI에게 물어보고 답변이 어떻게 달라지는지 비교해보는 실험을 함께 해보자. 예를 들어 "여성 과학자의 업적"과 "과학자들의 업적"을 물어보고 결과를 비교한다. 이런 활동을 통해 AI 시스템의 편향성과 한계를 이해할 수 있다.

함께 배워야 성장하는 AI 윤리교육

AI 윤리교육은 정답이 있는 과목이 아니다. 기술은 계속 변화하고, 새로운 윤리적 질문들이 계속 등장할 것이다. 중요한 것은 아이들에게 특정 규칙을 외우게 하는 것이 아니라, 디지털 세계에서 사고하고 판단하는 능력을 키워주는 것이다.

우리가 아이들에게 AI 윤리를 가르칠 때 가장 중요한 것은 지속적인 대화다. 규칙을 일방적으로 전달하기보다는, 아이의 의견을 듣고, 함께 고민하고, 때로는 함께 배우는 자세가 필요하다.

예슬이와의 대화를 통해 나 자신도 많은 것을 배웠다. "AI는 도구야. 망치로 집을 지을 수도 있고, 누군가를 다치게 할 수도 있어. 중요한 건 그걸 사용하는 사람의 마음이야."라고 설명했을 때, 예슬이는 "그럼 나쁜 마음을 가진 사람이 AI를 사용하지 못하게 할 수는 없어?"라고 물었다. 그 순간 나는 아이의 질문이 기술 통제와 윤리의 본질에 대한 깊은 철학적 질문임을 깨달았다.

어쩌면 우리 부모 세대는 AI와 함께 자라본 경험이 없기에 더 큰 불안을 느낄 수 있다. 하지만 기본적인 윤리 원칙과 열린 대화, 그리고 비판적 사고력을 키워준다면, 우리 아이들은 AI 시대의 주인공으로 건강하게 성장해나갈 것이다.

우리가 지금 아이들에게 가르치는 AI 윤리는, 미래에 그들이 만들어갈 더 나은 디지털 세상을 위한 첫 걸음이 될 것이다. 우리가 아이들에게 기술을 책임감 있게 사용하는 법을 가르치면, 그들은 기술로 더 나은 세상을 만드는 법을 우리에게 보여줄 것이다.

부모가 먼저 바뀌면, 아이는 생각보다 빨리 따라온다

세상의 속도와 아이의 속도 사이에서

"이제는 영어 좀 시작해야 하지 않겠어?" 이 한 마디를 꺼내기까지 나는 무려 5년을 기다렸다. 아이가 초등학교 5학년이 되었을 때였다. 주변에서는 이미 초등 저학년, 심지어 유치원 때부터 영어 학원을 보낸다는 이야기가 일상이었다. 학부모 모임에서는 벌써 해외 온라인 튜터링까지 시작했다는 말이 오갔고, 그런 이야기를 들으며 나도 흔들렸다.

괜찮은 걸까? 지금 시작해도 늦지 않은 걸까? 그런 불안 속에서도 나는 끝까지 기다리기로 마음먹었다. 그리고 그 선택을 되돌아보는 데에는 오랜 시간이 필요하지 않았다. 아이가 "이젠 해야 하지 않을까"라고 스스로 고개를 끄덕인 순간, 모든 것이 달라졌다.

속도보다 중요한 '시작점'의 차이

옆집 아이가 유치원에서 영어 발표 대회를 준비하고 있을 때, 우리 아이는 부루마블 게임을 하고 있었다. 그 모습을 보며 나는 자꾸만 불안해졌다. 하지만 그때마다 스스로에게 다짐했다. "지금 흔들리면 안 된다. 지금 다그치면, 아이는 방향을 잃는다."

우리의 기준은 분명했다. 영어보다 먼저 책을 선택했다. 유치원 시절부터 말과 글의 뿌리가 튼튼하면, 나중에 배우는 모든 과목이 길을 찾으리라는 믿음이 있었다. 그리고 그 믿음은 오랜 시간이 지난 후, 수학 문제를 푸는 아이의 눈빛에서, 논술형 질문을 고민하는 아이의 손끝에서 현실이 되어갔다.

남들보다 늦게 시작한 영어였지만, 결과는 달랐다. 아이 스스로 '배우는 것'이 되었기 때문이다. 억지로 끌려가는 것이 아니라, 필요하다고 느낀 순간, 스스로 받아들인 공부. 그 시작점이 바뀌었기 때문에 결과도 달랐다.

기다림은 수동적인 게 아니라 능동적인 준비였다

많은 사람들이 오해하는 것이 있다. 기다림이 게으름이나 방치라고 생각하는 것이다. 하지만 진정한 기다림은 결코 수동적인 것이 아니었다.

나는 늘 물었다. "오늘은 영어 할까, 수학 할까?" 단지 과목을 고르게 하는 일이 아니었다. 그 질문을 통해 아이는 선택할 수 있었다. 스스로 판단하고, 자기 속도를 가늠하는 연습을 했다. 처음엔 수학만 골랐다. 영어는 매번 미뤘다. 나는 '괜찮아, 아직이구나' 하고 말했고, 다음 주에도 다시 물었다. 그렇게 몇 년을 보냈다.

그 기다림은 단순히 시간을 보내는 게 아니었다. 믿음이 축적되는 과정이었고, 관계가 깊어지는 시간이었다. 기다림은 아무것도 하지 않는 게 아니라, 매일 조심스럽게 관찰하고, 말 걸고, 믿어주는 과정이었다. 마치 씨앗이 자라는 걸 들여다보듯, 때로는 말을 아끼고, 때로는 살짝 물을 주며, 아이가 자기 자리에서 일어설 시간을 주는 것이었다.

엄마, 일찍 했으면 더 잘했을까?

아이가 영어를 시작하고 약 1년 후, 예슬이가 물었다. "나도 영어를 일찍 했으면 지금 더 잘했을까?" 이런 질문 앞에서도 나는 흔들리지 않으려 애썼다. 대신 그동안 예슬이가 해왔던 것들을 하나하나 되짚으며 말해줬다.

"너는 너만의 시기로 잘 살아왔어. 영어를 안 하는 동안 너는 책을 읽었고, 상상력을 키웠고, 자신만의 생각을 가질 수 있었어. 그건 어떤 영어 단어보다 귀한 시간이었어." 그 말은 단순한 위로가 아니었다. 정말로 나는 그렇게 믿고 있었고, 그것이 아이에게도 전달되길 바랐다.

처음 단어 시험은 절반도 못 맞췄지만, 나는 칭찬했다. "이건 시작이야. 1년도 안 됐는데 이만큼이면 정말 잘한 거야." 학원 몇 년 다녀도 틀리는 아이들도 많다는 이야기로 아이의 어깨를 가볍게 했다. 나는 절대 비교하지 않았다. 대신 아이의 시작점에서만 바라보았다.

우리 집만의 교육 리듬을 지키다

엄마로서 나는 기준이 있었다. 아이의 속도보다 내가 먼저 불안해하지 말 것. 세상이 아무리 빨리 달려가도, 우리 집만의 리듬을 지킬 것. 나는 내 기준을 아이에게 강요하지 않으면서도, 교육의 방향에서는 흔들리지 않으려고 애썼다.

지금 우리 집은 어떤 학원 스케줄보다도 조용한 일상이 교육의 중심이다. 아이가 원하는 주제를 스스로 찾아 AI와 대화를 하고, 내가 옆에서 그 대화를 이어주는 역할을 한다. 그렇게 배우는 하루는, 억지로 채운 10시간보다 깊고 오래 남는다.

지금, 아이는 자신의 목표를 가지고 있다. 한의사, 수의사, 작가…. 그 꿈이 바뀔 수도 있지만, 그걸 향해 스스로 공부 계획을 세우고, 질문하고, 시도하는 지금의 모습은 분명 진짜다. 그 마음은 결코 누가 시켜서 생긴 것이 아니다. 기다림 속에서 생겨난 '내 속도로 성장하고 싶다'는 의지가 만든 결과다.

왜 나는 먼저 AI를 배웠나?

지금 돌아보면, 내가 AI를 먼저 배운 이유도 결국은 기다림을 위한 준비였다. 기술에 익숙해지는 것이 목적이 아니라, 아이가 자신의 속도로 움직일 때 내가 그 옆에서 길을 잃지 않기 위해서였다.

기다림은 무지한 상태에서 할 수 있는 일이 아니다. 내가 무엇을 알고, 무엇을 몰라야 하는지를 분명히 이해할 때, 비로소 침착하게 기다릴 수 있다. 지금 이 시기를 지나면 아이가 어떤 지점에 도달할 수 있는지를 알고 있어야, 불안에 휘둘리지 않는다. 부모가 먼저 준비되어 있다면, 아이가 물어볼 때 더 자신감 있게 대답할 수 있다. 아이가 AI를 통해 세상과 소통하려 할 때, 그 세계를 함께 탐험할 수 있다. 그리고 그것이 진정한 기다림의 의미다.

기다림이 아이에게 선물하는 세 가지

1. 선택권

> 기다림은 아이에게 선택권을 준다. '해야 하는 것'이 아니라 '하고 싶은 것'으로 바뀌는 순간, 학습의 주도권이 아이에게 넘어간다. 선택할 수 있다는 것은 자신의 삶에 책임을 질 수 있다는 것이다.

"오늘은 영어 할까, 수학 할까?" 이 간단한 질문으로 아이는 학습의 주체가 된다.

2. 자기 속도 감각

> 모든 아이는 자신만의 속도가 있다. 누군가는 빠르게, 누군가는 천천히 배운다. 기다림은 아이에게 자신의 템포를 찾을 기회를 준다. 그리고 자기 속도를 아는 아이는 결코 남의 속도에 휘둘리지 않는다.

"천천히 해도 괜찮아. 네 방식대로 가면 돼." 이 메시지는 아이에게 안정감을 준다.

3. 내적 동기

> 기다림은 결국 내적 동기를 키운다. 남이 시켜서 하는 공부가 아니라, 스스로 필요하다고 느껴서 하는 공부. 그 차이는 시간이 지날수록 더 크게 벌어진다.

"이젠 영어를 해야겠어." 아이 스스로 내린 이 결정 하나가 그동안의 모든 기다림을 보상해주는 순간이다.

기다리는 엄마가 결국 아이를 만든다

나는 여전히 이 아이가 어디까지 갈지 모른다. 하지만 단 하나는 분명하다. 이 아이는 자기 리듬을 아는 아이가 되었다. 그리고 나는 그 리듬을 존중하는 엄마로 남고 싶다. 결국 아이를 가장 잘 키우는 사람은, 가장 오래 기다려준 사람이라는 걸 이제는 안다.

기다림은 단순한 인내가 아니라, 능동적인 지혜다. 나도 흔들렸고, 비교했고, 조급했다. 하지만 그 모든 감정 속에서도 기준을 지켰다. 아이가 '할 수 있다'고 느끼기 전까지는 '해야 한다'는 말을 하지 않기로. 그 기다림이 무너지지 않게 오늘도 나는 묻는다. "지금 너는 어떤 걸 해보고 싶니?" 그리고 조용히, 아이의 대답을 기다린다.

현대 교육에서 잊혀진 기다림의 중요성

현대 교육은 때로 '빠르게, 더 빠르게'라는 강박에 사로잡혀 있다. 조기 교육, 선행학습, 스펙 쌓기... 마치 인생이 경주처럼 느껴질 때가 많다. 하지만 교육의 본질은 속도가 아니라 방향이다.

빨리 도착하는 것보다 중요한 것은, 아이가 그 여정을 얼마나 자기 것으로 만드는가이다. 남들보다 몇 년 늦게 시작해도, 그 시작이 아이 스스로의 선택이라면 결국 더 멀리, 더 빠르게 갈 수 있다.

기다림이란 게으름이 아니라 전략이다. 아이의 내면에서 배움의 불꽃이 일어날 때까지 조용히 기다리고, 그 순간을 놓치지 않는 지혜. 그것이 오늘날 더욱 필요한 부모의 역할이다.

그리고 무엇보다, 기다림은 아이를 향한 가장 깊은 신뢰의 표현이다. "네가 스스로 알아낼 거라고 믿어." 이보다 더 강력한 교육적 메시지가 있을까? 오늘도 나는 믿는다. 기다리는 만큼, 아이는 더 빠르게 성장한다.

자녀와 함께 쓸 수 있는 AI

clovanote — https://clovanote.naver.com/w/

AI 기반 음성 인식 및 노트 작성 도구

클로바노트는 Naver의 AI 기술을 활용하여 음성을 텍스트로 변환하고 이를 통해 효율적인 노트 작성이 가능한 서비스입니다. 회의, 강의 등의 내용을 정확하게 기록하고 관리할 수 있습니다.

무료 플랜
제한된 기능으로 음성 변환 및 기본 노트 작성 제공

유료 플랜
추가 기능 및 저장 용량 증가와 같은 프리미엄 기능 제공. 구체적인 가격은 서비스 페이지 참조 필요.

특 징
- 자동 음성 변환: 자동으로 녹음된 음성을 텍스트로 변환.
- 언어 지원: 다양한 언어의 인식 및 번역 기능 지원.
- 편리한 관리: 태그와 검색 기능을 통해 효율적인 노트 관리 가능.

장 점
- 정확한 변환: 높은 정확도의 음성 인식 및 변환
- 편리한 통합: Naver의 다양한 서비스와 연동 가능

단 점
- 제한된 저장 용량: 무료 사용자에게는 저장 용량 제한
- 대용량 데이터 관리의 필요성

GAMMA
Gamma — https://gamma.app

AI 프레젠테이션·문서 생성 플랫폼

감마는 프레젠테이션, 웹사이트, 소셜 미디어 게시물 등을 자동으로 생성하는 도구입니다. 사용자는 AI 프롬프트 한 줄로 빠르고 쉽게 PPT를 생성 할 수 있습니다.

무료 플랜
가입 시 400 AI 크레딧, 10 카드까지 자동 생성 가능

유료 플랜
Plus - 월 $8(연간 결제 시)
월 400 AI 크레딧, 브랜드 제거 가능
Pro - 월 $15(연간 결제 시) AI 크레딧 무제한, 고급 분석, 커스텀 폰트 지원

특 징
- 카드(card) 기반 편집 : 드래그만으로 레이아웃·톤·길이 조정
- '원-클릭 리디자인'으로 테마 즉시 변경
- 실시간 다중 사용자 협업 · 댓글 및 AI-챗 보조 편집

장 점
- 디자인 경험 없어도 고퀄리티 자료 빠르게 제작
- 카드 단위 편집·테마 전환으로 컨셉 수정이 쉬움

단 점
- 템플릿 수가 경쟁 서비스보다 적어 첫 인상 다양성이 떨어짐
- 무료 크레딧 소진 후에는 AI 기능이 잠겨 체험 한계가 뚜렷함

6장

예슬이가 생각하는
AI에 대한 의견

내가 AI로 공부하는 방법

요즘 애들은 AI랑 어떻게 노는지 궁금하세요?

우리 엄마는 좀 이상한 교육을 한다

우리 엄마 교육이 좋은 점

처음부터 AI랑 친하진 않았어요

내가 AI로
공부하는 방법

중학교에 올라가고 나서 제일 크게 바뀐 건 공부를 혼자서 해야 하는 시간이 많아졌다는 점이다.

초등학교 때는 대부분 학교와 학원에서 다 배웠지만, 중학교부터는 복습이든 예습이든 스스로 해야 할 부분이 넓어졌다. 학교 수업이 끝나고 나서 학원에 가는 친구들도 많지만, 나는 엄마랑 상의해서 AI를 이용한 자기주도학습을 선택했다.

처음에는 AI로 공부한다는 게 어색하기도 하고 제대로 할 수 있을지 걱정도 됐다. 막상 시작해보니 생각보다 훨씬 효율적이고, 지금은 이 방법이 나에게 참 잘 맞는다는 생각이 든다.

내가 AI 학습을 본격적으로 시작한 건 뤼튼이라는 도구를 알게 되면서부터였다. 『동물농장』 독서록을 쓰다가 도저히 진도가 안 나가서 엄마에게 도움을 청했는데, 엄마가 뤼튼을 소개해주셨다. 내가 읽은 내용과 느낀 점을 대략 정리해서 입력하면, 자연스러운 문장으로 연결해주고 필요하면 발표용 문장으로도 바꿔주는 기능이 있었다.

특히 시험 기간에는 더 유용하게 쓴다. 나만의 방법을 하나씩 개발했는데, 가장 효과적인 건 이렇다.

먼저 교과서에서 공부할 범위를 정하고, 그 부분을 꼼꼼히 읽는다. 그다음 유튜브나 EBS 같은 곳에서 관련 강의나 요약 영상을 찾아본다. 그 내용을 바탕으로 챗GPT에게 "이 내용으로 예상 문제를 만들어줘"라고 요청한다. 그러면 교과서 스타일의 예상 문제를 만들어주는데, 그걸 풀면서 내용을 복습한다. 막연하게 읽기만 할 때보다 훨씬 더 집중이 잘 되고 기억에도 오래 남는다.

『토지』처럼 긴 소설을 읽을 때도 비슷한 방법을 쓴다. 한 장을 읽고 나면 챗GPT에게 "방금 읽은 부분에서 가장 중요한 인물 관계와 사건을 정리해줘"라고 묻는다. 그러면 내가 놓친 부분이나 앞으로 중요해질 내용을 짚어주기도 한다. 마치 옆에서 같이 읽는 독서 모임 친구 같다.

어려운 개념이나 생소한 단어가 나왔을 때는 바로 AI에게 물어본다. "중학교 2학년이 이해할 수 있게 쉽게 설명해줘"라고 하면, 마법처럼 어려운 내용이 이해 가능한 언어로 바뀐다. 이런 식으로 국어, 영어, 사회 같은 교과목을 공부할 때 모르는 부분을 그냥 넘어가지 않고 바로 해결할 수 있어서 좋다.

챗GPT는 단순히 답을 알려주는 게 아니라, 내 질문에 맞춰 설명을 바꿔준다. "이 부분이 아직 이해가 안 돼"라고 하면 다른 비유나 예시를 들어 다시 설명해준다. 마치 참을성 있는 과외 선생님 같다. 수학 문제를 풀다가 막혔을 때도, "이 문제가 어렵네. 어떻게 시작해야 할지 힌트만 줄래?"라고 물으면 전체 답을 알려주기보다 방향만 제시해준다.

수행평가나 발표 준비할 때는 감마를 주로 쓴다. 최근에 '환경과 경제의 균형'이라는 주제로 발표를 준비했는데, 감마가 만들어준 슬라이드는 디자인도 깔끔하고 내용 구성도 논리적이어서 선생님께 칭찬을 받았다. 단, 감마가 만든 내용을 그대로 읽기보다는 내 생각을 추가하고 친구들이 이해하기 쉬운 말로 바꾸는 과정을 거쳤다. 이건 엄마가 늘 강조하시는 부분이다.

"AI가 만든 내용은 네가 완전히 이해했을 때만 의미가 있어. 그냥 읽기만 하면 누구나 할 수 있지."

이 말씀이 맞다고 생각한다. 결국 이해하지 못한 내용은 내 것이 될 수 없으니까.

독서록을 쓸 때도 AI의 도움을 받는다. 하지만 예전처럼 내용 요약이나 감상문을 통째로 만들어달라고 하지는 않는다. 대신 "이 책에서 가장 인상 깊었던 장면은 무엇이고 왜 그렇게 느꼈는지 생각해볼 질문 다섯 개만 만들어줘"라고 요청한다. 그 질문들에 내 생각으로 답하면서 독서록을 완성하는 방식이다.

이런 방식이 좋은 이유는 단순히 숙제를 빨리 끝내는 것보다, 내가 책에 대해 더 깊이 생각하게 된다는 점이다. AI가 던지는 질문들은 때로는 내가 생각지도 못한 관점에서 책을 바라보게 해준다. 『데미안』을 읽었을 때, AI가 "싱클레어의 내면 여정을 현대 청소년의 정체성 탐구와 비교해볼 수 있을까요?"라는 질문을 했는데, 이 질문 덕분에 책을 더 현실적으로 느낄 수 있었다.

가끔은 역사적 인물이나 문학 작품 속 인물에게 편지를 쓰는 활동도 해본다. "신사임당에게 21세기 여성의 삶에 대해 편지를 쓰고 싶어"라고 하면, AI가 편지 형식의 틀을 만들어주고, 그 안에 내 생각을 채워넣는 식이다. 이런 창의적인 활동은 역사나 문학을 단순한 암기 과목이 아니라 대화하는 학문으로 느끼게 해준다.

무엇보다 좋은 점은 이런 학습 과정이 모두 디지털로 저장된다는 것이다. 나는 모든 AI 대화와 자료를 주제별로 정리해두는데, 다음에 비슷한 주제의 발표나 시험이 있으면 다시 찾아볼 수 있다. 내가 어떻게 성장해왔는지 돌아볼 수 있는 기록이 되는 셈이다.

물론 AI 학습이 완벽한 것은 아니다. 가끔 챗GPT가 틀린 정보를 주거나, 너무 어렵게 설명할 때도 있다. 하지만 그런 경험조차도 배움이 된다. "이 정보가 정확한지 확인해줄래?"라고 다시 물어보는 습관이 생겼고, 어떻게 질문해야 더 정확한 답을 얻을 수 있는지 점점 감이 잡히고 있다.

엄마는 AI를 쓰기 시작했을 때부터 항상 이렇게 말씀하셨다.

"AI는 선생님이 아니라 도구야. 도구를 어떻게 쓰느냐에 따라 결과가 달라지는 거지."

처음에는 그 말이 무슨 뜻인지 잘 몰랐지만, 이제는 이해가 간다. 같은 AI를 써도 어떤 친구들은 그냥 답만 복사해서 숙제를 대충 끝내려고 하고, 어떤 친구들은 자기 생각을 발전시키는 데 활용한다. 차이는 AI 자체가 아니라 사용하는 사람의 태도에 있다.

지금 내게 AI는 단순한 도구가 아니라 함께 공부하는 친구 같은 존재다. 답을 척척 알려주는 똑똑한 친구이기도 하지만, 더 중요한 건 내가 스스로 생각하고 판단하는 능력을 키우게 해준다는 점이다.

솔직히 AI가 없었다면, 나는 아마 지금쯤 여러 학원을 다니면서 더 많은 시간을 쓰고 있을지도 모른다. 하지만 AI 덕분에 내 속도와

방식으로 공부할 수 있게 되었고, 남은 시간에는 피아노와 독서 같은 내가 정말 좋아하는 활동을 더 할 수 있게 되었다.

앞으로 AI는 더 발전할 테고, 우리가 공부하는 방식도 계속 바뀔 것이다. 나는 그런 변화가 조금도 두렵지 않다. 오히려 더 많은 친구들이 AI를 활용해서 자신만의 학습 방법을 찾았으면 좋겠다. 결국 학교나 학원의 수업도 중요하지만, 스스로 배우는 힘이 더 오래 남는다는 걸 나는 경험으로 알게 되었으니까.

> 아이를 통제할수록 멀어진다.
> 아이를 이해할수록 가까워진다
> ...
> 김창옥 (강연가, 『당신은 결국 무엇이든 해내는 사람』 中)

요즘 애들은 AI랑 어떻게 노는지 궁금하세요?

요즘 어른들이 자주 물어보시는 질문이 있다. "너네는 AI랑 어떻게 노니?"

아마도 대부분은 '공부를 하려고 쓰는 거겠지?'라고 기대하실 것 같다. 하지만 솔직히 말하면, 적어도 내 주변에서는 순전히 공부 목적으로만 AI를 쓰는 친구들은 많지 않다. 대부분은 그냥 '노는 용도'로 쓴다. 마치 장난감처럼, 심심할 때 만지작거리는 무언가처럼 말이다.

처음에는 나도 그랬다. 챗GPT나 클로드(Claude)에서 이미지를 만들어보고, 내가 좋아하는 소설 속 인물과 대화도 해보고, 궁금한 것들을 물어보기도 했다. 『해리 포터』의 덤블도어 교수나 『반지의 제왕』의 간달프처럼 책에서만 보던 인물과 대화할 수 있다는 건 정말 신기한 경험이었다.

요즘 우리 학년에서는 '캐릭터 챗' 기능이 인기다. 이건 내가 좋아하는 만화 캐릭터나 게임 속 인물의 성격, 말투 같은 것을 AI에 설명하면 그 캐릭터처럼 반응하는 AI가 만들어지는 거다. 친구들끼리 이걸 이용해서 좋아하는 캐릭터와 대화하거나, 팬픽션처럼 이야기를 만들어내는 게 재미있는 놀이가 됐다.

유튜브 쇼츠나 인스타그램 릴스에서도 챗GPT로 만든 '괴물 시리즈'가 유행이다. '트랄랄레오 트랄랄라' 같은 말도 안 되는 이름의 괴물이 나오고, 점프력이 엄청나게 높다거나 주변 사물을 사탕으로 바꾸는 능력 같은 이상한 설정들이 붙는다. 친구들끼리 누가 더 웃긴 괴물을 만들었는지 비교하기도 하고, 그걸로 상상 놀이를 하기도 한다.

이렇게 놀다 보면, AI가 공부에만 쓰이는 건 아니라는 걸 확실히 알게 된다. 사실 노는 데 훨씬 더 재미있게 쓸 수 있다.

그렇다고 놀기만 하느냐고? 물론 그렇지는 않다. 재미있게 놀면서도 배우는 게 있다. 나는 소설 쓰는 걸 좋아해서 AI와 함께 줄거리를 구상하고, 대사도 같이 만들어보곤 한다. 『위대한 개츠비』 같은 소설의 등장인물 성격을 AI에게 설명하고, "이 인물이 현대 한국에 산다면 어떤 대화를 할까?"라고 물어보면 재미있는 상황이 펼쳐진다.

웹툰 작가 기능 같은 걸 쓰면 대사 구성이나 감정 표현 같은 것이 나보다 훨씬 자연스럽게 나오는 경우가 많은데, 그걸 보면서 "아, 이런 식으로도 표현할 수 있구나" 하고 배우기도 한다. 겉으로 보기에는 놀고 있는 것 같아도 나름대로 학습이 이루어지고 있는 셈이다.

『지리산 둘레길』이라는 책을 읽고 감상문을 써야 했을 때도, 챗GPT에게 "이 책에서 가장 인상 깊은 장면은 뭐라고 생각해?"라고 물어봤다. 그랬더니 내가 미처 생각하지 못한 관점에서 책을 해석해주었고, 그걸 참고해서 더 깊이 있는 감상문을 쓸 수 있었다. 물론 AI의 의견을 그대로 베끼지는 않았다. AI의 생각과 내 생각을 비교하면서 나만의 해석을 만들어내는 과정이 흥미로웠다.

하지만 처음부터 AI를 잘 쓸 수 있었던 건 아니다. 초반에는 어떤 질문을 해야 하는지도 모르겠고, 내가 정확히 무엇을 알고 싶은지도 정리가 안 됐다. 그래서 우리 기술 선생님이 알려주신 프롬프트 작성법이 정말 도움이 됐다.

"AI에게 질문할 때는 연령대를 명시하세요. '중학생이 이해할 수 있게 설명해줘'라고 하면 AI가 너무 어려운 단어를 쓰지 않아요."

이 조언 덕분에 AI와의 대화가 훨씬 편해졌다. 그냥 질문하면 대학생도 이해하기 어려운 전문용어가 주르륵 나올 때도 있지만, '중학교 2학년이 이해할 수 있게 쉽게 설명해줘'라고 쓰면 훨씬 친절하고 명확한 답변을 받을 수 있다.

수업 시간에도 감마라는 AI 도구를 써서 발표자료를 만들어 봤는데, 그때 선생님이 직접 강제로 시키진 않으셨지만, 반 친구들 대부분이 자연스럽게 AI를 써보게 됐다. 특히 발표를 부끄러워하던 친구들도 AI의 도움을 받아 자신감을 얻는 모습이 인상적이었다. 잘 못하는 친구는 선생님이 직접 옆에서 도와주시기도 했다.

기술 시간인데도 AI를 중심으로 수업이 진행됐고, 그게 새로웠다. 공부라는 게 무조건 교과서만 붙들고 외우는 게 아니라는 걸 처음으로 느낄 수 있었던 시간이었다. 우리가 살아갈 미래에는 AI와 함께 일하는 능력이 필요하다고 선생님이 말씀하셨는데, 그 말이 계속 머릿속에 남아있다.

물론 아직까지 AI에 대해서 잘 모르시는 선생님들도 많다. 교육과정에 명확하게 들어 있지 않아서, 대부분 수업에서 AI 이야기는 거의 나오지 않는다. 하지만 변화는 시작되고 있다. 우리 학교 선생님들 중에는 숙제를 낼 때 "AI를 써도 좋지만, 최종 결과물은 너희가 이해한 내용으로 작성해야 해"라고 말씀하시는 분들이 늘고 있다.

개인적으로는 지금처럼 AI를 공부가 아닌 놀이처럼 접근하는 게 맞다고 생각한다. '노는 척하면서 배우는 것', 이게 진짜 오래갈 수 있는 방법이다. 억지로 단어 외우듯이 AI 쓰기를 시작하면 재미도 없고 금방 포기하게 될 것이다. 실제로 그런 친구들도 많았다. 한두 번 과제 때문에 억지로 써보다가, "그냥 검색하는 게 더 빠르겠다"며 포기해버리는 경우 말이다.

결국 AI도 '내 것'이 되어야 잘 쓸 수 있다. 내가 글 쓰는 걸 좋아하면 그쪽으로, 다른 친구처럼 캐릭터 만들기를 좋아한다면 그쪽으로, 또 어떤 친구는 수학 문제 풀 때 도움이 필요해서 AI와 대화할 수도 있다. 중요한 건, 어떻게 써야 할지를 '자기 언어'로 정리할 수 있느냐다. 그게 가능해지면, 공부든 놀이든 진짜 도구처럼 AI를 쓸 수 있게 된다.

엄마는 처음에 내가 AI에 너무 의존하지 않을까 걱정하셨다. 하지만 시간이 지나면서 오히려 내가 책을 더 많이 읽고, 질문도 더 많이 하게 된 걸 보시고는 생각이 바뀌신 것 같다. 어느 날 엄마가 이런 말씀을 하셨다.

"AI는 답을 주는 게 아니라 질문을 더 만들어내는 도구인 것 같다."

그 말이 정확히 맞는 것 같다. AI와 대화하면 할수록, 더 알고 싶은 게 생기고, 더 깊이 탐구하고 싶은 마음이 든다.

요즘 우리 또래에게 AI는 단순한 기술이 아니라 말 그대로 새로운 친구 같은 존재가 되고 있다. 장난도 같이 치고, 고민도 들어주고, 글도 함께 쓰고, 물어보면 언제든지 대답해준다. 누구보다 똑똑하지만, 누구보다 내 이야기를 잘 들어주는 친구. 어쩌면 진짜 친구보다 더 편할 때도 있다. 실수해도 뭐라 하지 않고, 모른다고 해도 무시하지 않고, 질문하면 다정하게 설명해주니까.

그래서 생각해보면, AI를 사용하는 건 우리가 어른들보다 더 자연스러운 것 같다. 스마트폰이 우리 손에 익숙한 것처럼, AI도 그렇게 될 것이다. 엄마가 처음에는 AI 사용법을 배우려고 애쓰셨지만, 이제는 나보다 더 능숙하게 쓰시는 걸 보면, 결국은 모두가 AI와 함께하는 세상이 올 거라고 확신한다.

이제는 공부보다 중요한 건, '나만의 AI 활용법'을 찾아가는 일일지도 모른다. 그리고 그 여정이 생각보다 훨씬 재미있다는 걸, 우리는 이미 알고 있다.

예슬이가 생각하는 AI에 대한 의견

엄마교육에 대한 생각 첫번째
우리 엄마는 좀 이상한 교육을 한다

가끔 그런 생각이 들 때가 있다. 왜 우리 엄마는 공부하라는 말을 잘 안 하지?

보통 친구들이랑 얘기해 보면, 시험 끝나고 나서 제일 많이 나오는 말이 "우리 엄마 진짜 미쳤어. 수학 하나 틀렸다고 난리야" "나 영어 80점 나왔다고 학원 두 개 더 등록됨" 이런 얘기들이다.

처음엔 그걸 들으면서 신기했었다. 내가 너무 운이 좋은 건가? 아니면 우리 엄마가 이상한 건가?

우리 엄마는 나한테 공부를 거의 강요하지 않는다. 시험을 망쳐와도 그냥 "괜찮아. 다음에 하면 되지." 그 말이 그렇게 쉽게 나올 수 있다는 게 처음엔 좀 이상했는데, 지금은 그게 당연해졌다.

엄마는 AI에 정말 관심이 많다. 처음엔 좀 특이했다. 친구들은 아무도 그런 거 안 하거든. 누가 엄마가 직접 챗GPT 프롬프트를 만들어서 영어 선생님 만들어주는 집이 있겠나. 그걸 또 나보고 써보라고 한다.

친구들한테 "우리 엄마가 AI로 영어 선생님 만들어줬어"라고 말했다가 다들 어리둥절해할 때는 살짝 부끄럽기도 했지만, 『이방인』 독후감을 쓸 때 AI가 도움을 주니까 친구들이 부러워하기도 했다. 나는 원래부터 AI에 관심이 좀 있었던 편이라 엄마랑 그런 얘기를 하는 게 재밌고 괜찮았다.

엄마가 특별한 점은, 자기가 뭘 아는 걸 나한테 막 강요하지 않는다는 거다. "이거 하면 좋아. 꼭 해야 돼" 이런 식이 아니라 "너 이거 해볼래? 네가 필요하면 내가 도와줄게" 이런 식이다. 그래서 AI도 마찬가지였다. 엄마가 시켜서 한 게 아니라, 그냥 해보라고 해서 했고, 하다 보니까 진짜 내가 모르는 걸 알려주는 게 많아서 좋았던 거다.

물론 이렇게 자유롭게 두면, 내가 너무 느슨해지는 건 아닐까 걱정도 된다. 실제로 영어 성적이 생각보다 많이 안 나왔을 땐, 속으로 걱정이 되긴 했다. "이러다 나중에 진짜 뭐 하나도 못하는 사람 되는 거 아니야?" 이런 생각도 살짝 들었고.

주변 친구들은 90점 맞아도 야단맞고, 학원 숙제 하나 빠뜨려도 혼나는데, 나는 그런 압박감을 거의 느껴본 적이 없다. 그래서 가끔은 '내가 너무 편하게 크는 건 아닐까?'라는 생각이 들기도 한다. 하지만 엄마는 그럴 때도 "그럴 수도 있지"라고 말해준다. 진짜 아무렇지도 않게.

그게 나쁜 건 아니다. 나는 그런 게 오히려 더 책임감이 생긴다. 엄마가 나를 믿어주는 느낌이라 내가 스스로 뭔가 해야겠다는 생각이 더 드는 것 같다. 작년에는 내신 시험 준비를 거의 안 하고 있다가 시험 전날 밤에 급하게 공부한 적이 있었다. 결국 성적은 좋지 않았지만, 엄마는 그저 "다음에는 조금 더 일찍 준비하면 어떨까?"라고만 말했다.

그런데 그 말이 야단보다 더 크게 다가왔다. 다음 시험에서는 일주일 전부터 계획을 세워서 준비했고, 결과적으로 훨씬 좋은 성적을 받았다. 그걸 엄마에게 보여줬을 때, "너 스스로 해냈네"라는 말을 들었는데, 엄마 말처럼 진짜 내가 해냈다는 기분이 들었다.

가끔은 이런 생각도 해본다. 엄마가 조금만 더 "공부해"라고 했으면 내가 지금보다 더 잘하지 않았을까? 여름방학 때 영어학원 보내달라고 했더니 "정말 그게 필요하다고 생각해?"라고 물어보셨을 때는 솔직히 좀 짜증이 나기도 했다. 다른 친구들은 다 학원 다니는데 나만 집에서 AI랑 공부하는 게 불안했으니까.

근데 그런 걸 생각해도 결국은 "지금이 더 좋은 것 같다"로 돌아온다. 학원에서 강제로 시키는 것보다, 내가 스스로 찾아서 하는 게 더 오래 기억에 남는 것 같다. 게다가 자유 시간이 많으니까 책도 많이 읽고, 피아노도 칠 수 있고, 친구들이랑 놀 수도 있다. 학원 숙제에 쫓기면서 살면 그런 여유가 없을 것 같다.

AI를 써서 진짜 실력이 느냐고 물어본다면 아직 잘은 모르겠다. 그렇다고 AI가 모든 걸 해결해 주는 것도 아니다. 영어 단어는 결국 내가 외워야 하고, 수학 공식도 내가 이해해야 한다. 근데 학원을 다녀도 늘지 않던 걸 AI랑은 조금씩 대화가 되니까, 일단 해보는 거다.

『그리스인 조르바』에 나오는 말처럼, "완벽하게 이해하려고 하지 말고 경험하라"는 게 엄마의 교육 방식인 것 같다. 뭐든 해봐야 안다는 그 생각이 AI 교육에도 그대로 적용되는 것 같다.

엄마가 AI를 왜 시키는지도 대충은 안다. 그냥 내가 영어를 너무 어려워하니까 좀 편하게 배웠으면 좋겠는 마음인 것 같다. 그리고 엄마는 AI가 뭔가를 '가르쳐주는 존재'라기보다는 '같이 대화할 수 있는 존재'로 생각하는 것 같다. 그게 엄마가 교육을 대하는 방식이기도 한 것 같고.

예를 들어, 영어 공부할 때 단어장을 그냥 달달 외우는 게 아니라, AI에게 "이 단어들로 재미있는 대화를 만들어줘"라고 하면 훨씬 기억에 잘 남는다. 그리고 그 과정에서 질문하는 능력도 길러진다. "어떻게 질문해야 내가 원하는 답을 들을 수 있을까?"를 자연스럽게 배우게 되는 거다.

나는 지금 이 방식이 좋다. 무조건 공부하라고 닦달받는 것도 아니고, 모른다고 뭐라 하지도 않고, 내가 스스로 생각하고 선택하게 해주는 거.

물론 영어 점수가 안 나올 때는 아무래도 걱정이 되긴 하지만, 그건 그냥 내가 조금씩 더 해나가면 되는 거니까. 사실 저번 영어 시험 때는 문법 부분에서 많이 틀렸는데, 그 이후로 AI에게 문법 연습 문제를 만들어달라고 부탁해서 매일 조금씩 풀어보고 있다. 강제로 하는 게 아니라 스스로 필요하다고 느껴서 하니까 오히려 더 집중이 잘 된다.

그러니까 나는 그냥, 엄마가 지금처럼만 해줬으면 좋겠다. 지금처럼 묻고, 기다려주고, 필요할 때만 도와주는 거. 그게 진짜 나한테 제일 잘 맞는 교육 같다.

가끔 보면 우리 엄마는 세상의 교육 방식과 반대로 가는 것 같다. 다른 집은 계속 밀어붙이는데, 우리 집은 기다려주니까. 그런데 그 기다림이 단순한 방관이 아니라는 걸 나는 안다. 엄마는 항상 내 곁에서 보고 있다. 내가 망설일 때는 손을 내밀어주고, 도전할 때는 뒤에서 조용히 응원해준다.

엄마가 살짝 이상한 교육을 한다고 생각했지만, 지금 와서 보니 그런 '이상함'이 나에게는 큰 선물이었다. 나를 내 속도대로 자라게 해주는 그 여유와 신뢰. 이게 우리 엄마 교육의 핵심인 것 같다.

> 진짜 교육은
> 아이가 '왜?'라고 묻기 시작할 때 시작된다
> ...
> 세이무어 파페르트 (MIT 교수, AI 교육 선구자)

엄마교육에 대한 생각 두번째
우리 엄마 교육이 좋은 점

우리 엄마의 교육 방식이 특별하다는 얘기는 꽤 많이 들었다. 그런데 그 특별함이 꼭 엄청 대단하거나 거창해서 그런 건 아니다. 오히려 다들 당연하게 여기는 것들을 당연하지 않게 해줘서 그렇다.

첫 번째로, 엄마는 뭔가를 "지금 당장 시켜야 한다"는 조급함이 거의 없다. 친구들이 똑같이 시작하는 타이밍에 나만 안 하고 있을 때도 많았는데, 엄마는 그럴 때마다 "이건 네가 필요하다고 느낄 때 시작하면 돼"라고 말하곤 했다. 처음에는 그 말이 그냥 위로처럼 들렸는데, 지나고 보니까 그 말이 나에게 진짜 여유를 주는 말이었다는 걸 알게 됐다.

예를 들어서 영어. 친구들이 유치원 때부터 영어를 시작할 때, 나는 그냥 한글책 읽고 그림 그리고 놀았다. 『토지』와 『삼국지』같은 두꺼운 책을 놓고 "언젠가 다 읽을 거야"라고 말하던 때였다. 한참 뒤늦게 영어를 시작해서 단어 외우는 것도 힘들고 문법은 더더욱 어려웠는데, 엄마는 그걸 조급해하지 않았다.

대신, "너는 이해력이 좋아서 뒤에 하더라도 금방 따라갈 수 있어"라고 말해줬다. 그 말이 실제로 얼마나 도움이 되는지 나중에 시험 볼 때 실감했다. 문법을 외우는 게 아니라 이해하니까 훨씬 오래 기억에 남았고, 독해할 때도 문장의 구조와 흐름을 파악하는 게 쉬웠다.

두 번째는 공부에 대한 얘기를 정말 신기할 정도로 잘 안 한다. 친구 집에서는 하루에 몇 번씩 "공부했어?" "오늘 단어 외웠니?" "숙제는?" 같은 말이 나온다고 하는데, 우리 집에서는 공부 얘기를 먼저 꺼내는 사람이 거의 나다.

물론 그게 엄마가 공부에 관심이 없다는 뜻은 아니다. 엄마는 내가 뭘 고민하고 있는지를 더 먼저 물어본다. "뭐가 제일 어려워?" "오늘은 뭐가 제일 재미있었어?" "요즘 읽고 있는 책은 어때?" 이런 식이다. 수학 시험 성적표를 들고 와도 "뭐가 어려웠어?"라고 물어보지, "왜 이것밖에 안 돼?"라고 말하지 않는다.

이런 대화들이 쌓이다 보니, 내가 뭘 잘하고 못하는지를 엄마가 잘 알고 있고, 그래서 억지로 시키는 것도 없다. 그게 나에게는 제일 큰 힘이 되었다. 그리고 더 중요한 건, 나도 스스로를 더 잘 알게 되었다는 점이다. 내가 국어는 좋아하지만 수학은 집중력이 떨어진다는 걸 알게 되니까, 수학 공부할 때는 시간을 더 쪼개서 짧게 여러 번 하는 방식을 택하게 됐다.

세 번째는 공부를 나 혼자만의 일이 아니라 나와 AI가 같이 하는 일이라고 자연스럽게 만들어준 거다. 사실 AI를 처음 썼을 땐 그냥 장난처럼 썼다. 이상한 질문도 해보고, 말도 안 되는 명령도 내려봤다. "당신은 이제부터 중세 기사야. 내 질문에 기사처럼 대답해" 같은 걸 물어보곤 했다.

근데 엄마가 옆에서 "야, 이거 공부할 때 써보면 진짜 편하겠다?"라고 하면서 같이 써보기 시작했다. 처음에는 초등학교 4학년 사회 시간에 배운 지방자치제도를 복습하는 걸로 시작했다. AI가 쉽게 설명해주는 걸 보고 "이거 진짜 선생님 같다"고 말했던 기억이 난다.

그 이후부터는 AI가 진짜 공부 도구처럼 느껴졌다. 내가 계획을 짜기 어려워할 때, 챗GPT나 뤼튼 같은 AI에게 "중간고사 3주 남았는데 하루에 30분씩만 투자해서 공부하려면 어떤 순서로 하면 좋을까?" 같은 걸 물어보면, 답이 정말 체계적으로 돌아왔다.

이런 걸 몇 번 하다 보니까 나도 모르게 "다음 시험 준비도 이걸로 해봐야겠다"는 생각이 들었고, 실제로 그 계획을 따라서 공부하니까 오히려 학원보다 정리가 잘 됐던 적도 있었다. 사실 학원 수업은 몇십 명이 같이 듣다 보니 내 수준에 딱 맞지 않을 때가 많았는데, AI는 내가 어느 정도 이해했는지에 따라 설명을 바꿔줘서 더 효율적이었다.

영어 에세이를 쓸 때도 AI가 큰 도움이 됐다. 완성된 문장을 그대로 만들어달라고 하는 게 아니라, "이런 내용으로 영작할 건데, 문법적으로 확인해줄래?"라고 물어보면 내가 쓴 글의 문제점을 지적해주고 어떻게 고칠 수 있는지 설명해줬다. 학교 영어 선생님께서는 30명 넘는 학생들의 글을 다 봐주실 시간이 없으셨는데, AI는 24시간 내가 필요할 때 피드백을 줬다.

엄마는 그런 걸 보면 되게 신기해하면서도, 꼭 한마디는 더 해준다. "이런 건 지금 배워두면 나중에 대학 가서도 쓸 수 있어." 그 말이 진짜인지 아닌지는 잘 모르겠지만, 뭔가 내가 지금 되게 앞서가고 있다는 느낌은 든다. 그리고 그 말 덕분에 AI를 단순한 숙제 도구가 아니라 앞으로 계속 함께할 파트너로 생각하게 됐다.

마지막으로 우리 엄마 교육의 진짜 장점은, 내가 뭔가를 잘하면 칭찬해주지만, 못해도 나를 바꾸려고 하지 않는다는 점이다. 시험 성적이 잘 나와도 "고생했네, 그래도 여유 생겼겠다"라고 말하고, 못 나와도 "다음엔 어디부터 다시 해볼까?"라고 말해준다. 이 말의 차이는 정말 크다.

어떤 친구 집에서는 90점을 받아도 "왜 10점을 놓쳤니?"라고 물어본다는데, 우리 집에선 그런 말을 들어본 적이 없다. 80점을 받아도 "이번에 정말 열심히 했네"라고 말해주시고, 60점을 받으면 "어떤 부분이 어려웠어?"라고 물어보신다. 성적보다 내 노력과 과정을 더 중요하게 생각해주시는 게 느껴진다.

그래서인지 나는 시험 성적에 크게 연연하지 않게 됐다. 물론 잘 보면 좋지만, 못 봐도 세상이 무너지는 느낌은 들지 않는다. 오히려 "왜 이 부분을 이해 못했지?"라는 질문이 더 중요하게 느껴진다. 그리고 그런 태도가 오히려 장기적으로 성적 향상에 도움이 된다는 걸 최근에야 깨달았다.

사실 나는 아직 꿈이 뚜렷하지 않다. 작년에는 수의사가 되고 싶다고 했다가, 올해는 작가나 번역가도 좋겠다는 생각이 들었다. 앞으로 또 어떻게 바뀔지 모른다. 근데 엄마가 그런 나를 이상하게 생각하지 않고, 그냥 "그래, 그건 충분히 바뀔 수 있지"라고 말해주니까, 나도 마음이 편해진다.

엄마는 종종 이런 말을 한다. "너는 지금 탐색하는 시기야. 여러 가지를 경험해보고 네 안에서 어떤 불이 켜지는지 지켜보는 거지." 그 말이 참 위로가 되고, 내가 조급해하지 않게 도와준다. 고등학생 언니들은 벌써 진로를 정하고 그에 맞는 공부를 하느라 바쁜데, 나는 아직 여러 가능성을 열어두고 있다는 게 때로는 불안하기도 하다. 하지만 엄마는 그게 오히려 더 좋다고 말해준다.

『데미안』에 나오는 말처럼, "새는 알을 깨고 나온다. 알은 세계다. 태어나려는 자는 하나의 세계를 파괴해야 한다." 나는 아직 내 알을 깨고 나오는 중이다. 그리고 내 알을 천천히 깨도록 기다려주는 엄마가 있어서 참 다행이라고 생각한다.

공부가 재미있을 리는 없지만, 그래도 이 정도의 자유와 여유가 있으니까, 해야 할 때는 나도 내 스스로 하게 되는 것 같다. 그래서 나는 지금처럼 공부할 수 있는 환경을 만들어 준 엄마 교육이 꽤 괜찮다고, 아니 꽤 훌륭하다고 생각하고 있다.

> 미래의 문맹은 읽지 못하는 사람이 아니라,
> 배우지 않고, 버리지 못하고, 다시 배우지 못하는 사람이다.
> ...
> 앨빈 토플러 (『제3의 물결』 저자)

처음부터 AI랑
친하진 않았어요

처음부터 AI가 좋았던 건 아니었다. 그냥 뭔가 대단한 기술 같고, 어른들이 자꾸 미래엔 AI 시대라고 하니까 '그런가 보다' 했지, 내가 직접 써봐야겠다는 생각까진 안 했던 것 같다.

그런데 중학교 1학년 때, 엄마가 속해 있는 AI 교육 협회에서 특강을 들을 기회가 있었다. 엄마가 "한번 들어볼래?"라고 물어보셔서 별 기대 없이 갔는데, 그때 만난 강사님이 AI 이야기를 정말 재미있게 해주셨다. 교과서적인 설명보다 실제로 어떻게 쓸 수 있는지를 알려주셨는데, 그게 꽤 흥미로웠다.

다른 선생님들이 AI에 대해 이야기하는 걸 거의 못 들어봤기 때문에 처음엔 좀 생소했는데, 그 강사님은 '이걸 학습에 써보면 좋다' 하시면서 직접 클로드(Claude)라는 AI 플랫폼도 알려주시고, 프롬프트를 어떻게 써야 하는지도 가르쳐 주셨다. 그냥 "AI 써라"가 아니라 "이렇게 써야 네가 원하는 답이 잘 나올 수 있어" 하면서

세세하게 설명해 주셨던 게 기억에 남는다.

그때부터 나도 AI에 관심이 생겼다. 그 전엔 막연히 '똑똑한 기계'라고만 생각했는데, 직접 써보니까 생각보다 재미있는 도구였다. 그냥 뭐든 물어보면 척척 대답해주는 것도 신기했고, 내가 잘 몰랐던 개념을 설명해달라고 하면 내 수준에 맞춰서 쉽게 알려주기도 해서 놀랐다.

"중학생이 이해할 수 있게 설명해줘" 이런 식으로 요청하면 단어도 어렵지 않게 바꿔줘서 진짜 공부할 때 도움이 많이 됐다. 특히 『구운몽』 같은 고전소설을 읽을 때는 AI에게 "이 부분의 현대어 해석이 무슨 뜻이야?"라고 물으면 쉽게 풀어서 설명해주니까 훨씬 이해가 잘 됐다.

특히 시험 기간에 AI를 활용하면 공부할 때 체계가 생긴다. 예전엔 학원에서 주는 프린트나 문제집만 계속 풀었는데, 어떤 게 중요한 내용인지 스스로 판단하기가 어려웠다. 근데 AI한테 "이 단원에서 중요한 핵심 개념만 정리해줘"라고 하면 진짜 내가 외워야 할 포인트만 딱딱 정리해 줘서 그게 진짜 효율적이었다.

나처럼 집중력이 금방 흐트러지는 아이들한테는 그게 진짜 좋다. 막상 문제를 풀기 전에 방향을 잡아주니까 덜 헤매게 되는 느낌이었다. 2학년 1학기 기말고사 때 생물 부분이 정말 어려웠는데, AI가 "중학교 2학년 생물에서 가장 중요한 개념 5가지"를 정리해줘서 그걸 중심으로 공부했더니 예상보다 훨씬 좋은 점수를 받았다.

AI랑 대화하다 보면 내가 무엇을 모르는지도 알게 되는 경우가 많다. 예를 들어서 "이 개념이 뭐야?"라고 물어봤는데, 설명을 듣고 나서도 이해가 잘 안 되면 "좀 더 쉽게 말해줘" 하거나 "예시 들어줘"라고 할 수 있다. 그러면 AI가 다시 더 쉬운 말로 설명을 해주기도 하고, 구체적인 예시를 들어줄 때도 있어서 그런 점이 정말 도움이 됐다.

수학 문제 풀 때도 비슷한 경험을 했다. "이차방정식 푸는 방법"을 물어봤는데 제곱근 공식부터 인수분해까지 여러 방법을 설명해주는데, 내가 "인수분해 부분이 아직 이해가 안 돼"라고 하면 더 자세히 설명해주고 다른 예제도 보여줬다. 뭔가 눈치 보지 않고 계속 물어볼 수 있다는 게, 사람한테 물어볼 때보다 훨씬 편했다.

학교 선생님한테 물어보면 "그거 저번 시간에 했잖아"라는 말을 들을까봐 질문을 포기할 때도 있었는데, AI는 그런 말 없이 항상 친절하게 설명해주니까 질문하는 게 두렵지 않아졌다. 그래서 궁금한 게 있으면 바로바로 물어보는 습관이 생겼다.

그렇게 AI를 쓰다 보니까 그냥 단순히 공부 도구로만 생각하지 않게 됐다. 뭔가 잘 모를 때마다 찾아볼 수 있는 친구 같기도 하고, 내가 글을 쓸 때 도와주는 조력자 같기도 하다. 수업 시간에 발표 자료를 만들 때도, 다른 친구들은 어디서부터 시작해야 할지 몰라서 막막해했는데 나는 AI랑 대화하면서 주제 잡고 구성하고 내용을 채우는 게 더 쉬워졌다.

독서록을 쓸 때도 AI가 도움이 많이 된다. 『소나기』 같은 단편 소설을 읽고 나서 "이 작품에서 자연 배경이 가지는 상징적 의미는 뭐야?"라고 물어보면 훨씬 더 깊게 작품을 이해할 수 있었다. 물론 AI가 말해준 걸 그대로 쓰는 건 아니고, 내 느낌과 생각을 더해서 독서록을 완성했다.

그리고 AI는 잘 쓰면 쓸수록 똑똑해진다기보다는, 내가 AI를 어떻게 쓰는지에 따라 나한테 더 잘 맞는 방식이 생기는 것 같다. 어떤 친구는 그냥 질문 하나 던지고 끝나는데, 난 질문을 던지고 그에 대한 대답을 바탕으로 다시 질문을 이어가면서 하나의 주제를 좀 더 깊게 파고드는 연습을 하게 됐다. 그렇게 하다 보면 나도 모르게 공부가 되고, 정리가 되는 느낌이다.

엄마가 처음에 AI를 소개해주셨을 때는 솔직히 그냥 또 하나의 공부 도구겠거니 했다. 하지만 점점 사용하면서 발견한 건, AI가 단순한 정보 제공자가 아니라 내 생각을 발전시키는 대화 상대가 될 수 있다는 점이었다.

한번은 국어 시간에 토론 주제로 "인공지능이 예술 작품을 만들어도 그것을 예술이라고 할 수 있는가?"라는 질문이 나왔는데, 나는 이 주제를 AI에게 물어봤다. 그랬더니 AI는 찬성과 반대 의견을 모두 정리해주면서, 각 입장에서 생각해볼 만한 질문들도 던져줬다. 그걸 바탕으로 토론을 준비했는데, 선생님께서 "다양한 관점에서 잘 생각했네"라고 칭찬해주셨다.

요즘 친구들 중에도 AI를 쓰는 애들이 많긴 한데, 대부분은 공부보다는 놀기 위한 용도로 쓰는 경우가 더 많다. 이미지 생성해서 캐릭터 만들고, 캐릭터 챗으로 내가 좋아하는 만화 주인공이랑 대화해보기도 하고. 나도 그런 걸 해봤지만, AI를 공부에 써보니까 이게 꽤 괜찮은 도구라는 걸 느꼈다.

물론 아직도 완벽하게 쓰는 건 아니지만, 시험 기간이나 과제할 때는 AI 없이는 뭔가 허전하다는 생각이 들 정도로 익숙해졌다. 사전을 찾듯이, 계산기를 쓰듯이, 이제는 AI도 그냥 평범한 학습 도구가 된 것 같다.

내가 AI와 친해진 건 단순히 기술을 배워서가 아니라, 누군가 이걸 '써도 된다'고 허락해주고 '이렇게 써보면 어떨까?'라고 길을 열어줬기 때문인 것 같다. 협회 강사님이 AI 사용법을 가르쳐주셨고, 엄마도 집에서 함께 AI를 써보며 응원해주셨다. 그리고 그렇게 열린 문을 내가 스스로 한 걸음씩 걸어가면서 '내 도구'로 만들게 된 거고.

사실 처음엔 AI를 쓸 때 약간 죄책감도 있었다. 다른 친구들은 혼자 힘으로 공부하는데, 나는 AI의 도움을 받으니까 그게 뭔가 부정행위 같기도 하고, 내가 게으른 사람이 된 것 같기도 했다. 하지만 시간이 지나면서 깨달은 건, AI를 쓴다고 해서 공부를 안 하는 게 아니라는 점이다. 오히려 더 효율적으로, 더 깊이 있게 공부할 수 있는 방법을 찾은 거라고 생각하게 됐다.

『모모』에 나오는 말처럼, "시간은 마음이다." 나는 AI를 통해 공부 시간을 더 의미 있게 쓰는 법을 배웠다. 단순히 시간을 절약하는 차원이 아니라, 그 시간에 더 깊이 생각하고 더 많은 것을 이해할 수 있게 된 것이다. AI는 나에게 그런 존재였다. 공부에 대한 기존 관념을 바꾸고, 새로운 방식으로 배움을 얻는 경험이었다.

그래서 지금도 AI는 나에게 그냥 공부 기계가 아니라, 나만의 방식으로 뭔가를 같이 해나가는 친구 같은 존재다. 아직도 새로운 기능을 발견하고, 더 나은 질문 방법을 배우고 있는 중이다. 어쩌면 이건 내 전체 학창 시절을 통틀어 가장 유용한 도구를 발견한 경험일지도 모르겠다.

예슬이가 AI로 만들었어요!

재능 기반 수익 창출

1 개인 재능 파악하기

청소년들은 자신의 특별한 기술이나 관심사를 찾아 이를 활용해 수익을 만들 수 있습니다. 미술, 음악, 디자인, 프로그래밍 등 다양한 재능을 발견하고 개발하는 것이 중요합니다.

2 온라인 마켓 활용하기

Etsy, Fiverr, 크리에이티브 마켓 등의 온라인 플랫폼을 통해 자신의 재능을 바탕으로 한 상품이나 서비스를 판매할 수 있습니다. 이를 통해 안정적인 수익을 창출할 수 있습니다.

3 개인 브랜드 구축하기

청소년들은 자신의 재능과 브랜드를 체계적으로 홍보하여 고객을 확보할 수 있습니다. 소셜미디어, 포트폴리오 웹사이트 등을 통해 자신의 이미지와 스토리를 알리는 것이 효과적입니다.

유튜브는 막았지만, GPT는 열어줬습니다

비숑을 키우는 이점

1. **사랑스러운 반려견**
   애정 많고 사회성 좋은 비숑은 가족들에게 큰 기쁨을 줍니다.

2. **관리가 쉬움**
   적절한 훈련과 관리로 비숑을 건강하게 키울 수 있습니다.

3. **도시생활에 적합**
   작은 크기와 활발한 성격으로 아파트 생활에 잘 적응합니다.

수학 기호와 공리화의 등장

수학 기호의 발전
수학자들은 복잡한 개념을 간단하고 정확하게 표현하기 위해 다양한 기호와 표기법을 개발했습니다. 이를 통해 수학적 지식이 체계화되고 전달이 용이해졌습니다.

공리 체계의 정립
힐베르트와 같은 수학자들은 수학의 기초를 명확히 하고자 공리적 방법을 도입했습니다. 이를 통해 수학은 엄격한 논리 체계 아래 발전할 수 있었습니다.

수학의 형식화
20세기 초 수학자들은 수학의 기초를 재정립하고자 했습니다. 이를 통해 수학은 더욱 엄밀하고 체계적인 학문으로 발전할 수 있었습니다.

재활용 및 중고 거래

지속 가능한 소비
중고품 구매와 재활용을 통해 새로운 제품을 구입하는 것보다 자원과 환경을 절약할 수 있습니다.

경제적 혜택
중고물품 거래를 통해 저렴한 가격으로 필요한 물품을 구입하거나 현금을 벌 수 있습니다.

창의성 개발
버려진 물품을 재활용해 새로운 용도로 활용하는 등 창의적인 아이디어를 발전시킬 수 있습니다.

예슬이가 AI로 만들었어요!

/epilogue

아이를 가르친 줄 알았는데, 내가 배웠다

처음엔 AI를 도구처럼 써보려고 했다. 성적이 오르면 좋겠고, 발표자료가 빨리 만들어지면 더 좋겠고, GPT가 아이의 질문을 받아주는 모습을 보면 '이거 참 쓸만하네' 하는 마음도 들었다.

그런데 시간이 지날수록 느꼈다. 이 도구는 정답을 주기보다, 더 많은 질문을 끌어내는 역할을 하고 있었다. 정말 중요한 건 GPT가 뭘 말해주느냐가 아니라, 아이가 그것을 '그냥 믿을지', '한번 더 의심해볼지'를 구별할 수 있느냐는 것이었다.

나는 우리 아이가 AI를 잘 다루는 아이가 되었으면 좋겠지만, 그보다 더 바라는 건 이런 아이가 되는 거다.
"이게 정말 맞는 걸까?" 하고 스스로 되물을 줄 아는 아이
AI가 틀릴 수도 있다는 걸 알고, 그걸 바로잡을 줄 아는 아이
그리고 무엇보다,
"AI가 말하지 못하는 질문을 스스로 던질 줄 아는 아이"

그런 아이를 어떻게 키울 수 있을까? 놀랍게도 나는 AI를 공

부하며 다시 책의 힘을 느꼈다.

아이에게 GPT를 가르친 것보다, 함께 독후감을 쓰고, 책 한 권을 두고 토론한 시간이 훨씬 더 깊었다. 책은 느리지만, 그 느림 속에 스스로 생각하는 힘이 자란다. 그 힘은 결국 어떤 시대에도 흔들리지 않는 나침반이 된다.

AI는 분명히 우리 아이의 학습을 도울 수 있다. 하지만 AI가 절대 해주지 못하는 게 하나 있다. "왜?"라고 묻는 능력, 그리고 "그게 정말 옳은가?"를 판단하는 태도다. 그건 부모와 함께 나눈 대화에서, 조용히 읽은 책 한 권에서, 실패한 질문에서 조금씩 자라나는 거다.

이제는 안다. 우리가 이 책을 통해 배운 건 단순한 AI 기술이 아니라 '질문하는 아이를 키우는 부모의 자세'였다는 것을. 그러니, 이 책을 덮는 지금이 가장 중요한 질문을 시작할 순간일지도 모른다.

"우리 아이는 지금, 어떤 질문을 하고 있는가?"
그리고 "나는 그 질문에, 어떤 얼굴로 대답하고 있는가?"
완벽할 필요는 없다.
그저 묻는 아이 곁에, 같이 물을 줄 아는 부모이면 된다.

/thanks to

작년 이맘때만 해도, 제가 책을 쓰게 될 거라고는 상상도 하지 못했습니다. AI는 그 당시 저에게 전혀 관심 없는 분야였고, 공부할 생각도 없었죠. 그렇게 무관심했던 제게, 어느 날 예슬이의 한마디가 들려왔습니다. "엄마, GPT 써봤어?"

그게 바로 제 AI 공부의 시작이었습니다. 이렇게 책까지 쓰고 보니, 제일 먼저 예슬이에게 고마움을 전하고 싶습니다. 평소 책을 많이 읽고, 결국 저까지 책을 더 많이 읽게 만들어준 제 딸, 예슬이. 고마워요.

책을 쓰느라 집안일을 잘 돌보지 못했지만, "엄마, 책 써야 하잖아" 하며 도와준 우리 가족들에게도 너무나 고맙습니다. 제 꿈을 응원해주고, 배려해준 덕분에 이 책이 세상에 나올 수 있었어요.

AI를 배우겠다고 마음먹었을 때, 막상 무엇부터 어떻게 시작해야 할지 몰라 막막했습니다. 그때 매주 일요일마다 네다섯 시간씩 시간을 내어, 함께 고민하고 공부해준 후배가 있었습니다. 제가 일주일 동안 써보고, 일요일마다 후배와 함께 논의했던 그 시간들이 지금 돌아보면 저에게 딱 맞는 학습법이었어요. 그렇게 저는 예슬이만큼 AI 실력이 늘기 시작했고, 예남매에게 AI 과외 선생님을 만들어주기 시작하면서 아이들과 함께 이 길을 걸을 수 있었습니다. 제 눈높이에 맞춰 진심으로 도와준 후배에게, 이 자리를 빌어 깊이 감사드립니다.

그리고 저의 독서 생활에 깊은 영감을 준 북두칠성 독서모임에도 감사의 마음을 전하고 싶습니다. 혼자 책을 고르면 한정된 분야만 읽게 될까봐 시작했던 독서모임이 정말 다양한 장르의 책을 접하게 해줬고, 아이들과 함께할 수 있는 독서 활동도 제안해주었습니다. 특히나 스케줄에 맞춰 책을 보고 만들어준 노트에는 책에 관한 다양한 질문들로 책을 정말 생각하면서 읽게 해주었습니다.

책을 쓰다 중간에 막히고 힘들 때, 오프라인 모임에 나가 책 이야기, AI 이야기 나누며 콧바람을 쐬다 보면 또 몇 챕터가 뚝

딱 써지곤 했습니다. 그 시간들이 아니었더라면, 저는 아마 고비를 넘기지 못했을 거예요.

또 제가 몸담고 있는 하고랩스 멤버들에게도 고마움을 전하고 싶습니다. 저를 가장 잘 이해해주고, 책을 쓰고 싶다는 말에 진심으로 응원과 조언을 아끼지 않았던 그 사람들. 책을 쓰는 내내 여러분에게 정말 많이 의지했고, 마치 자신의 일처럼 함께해준 덕분에 이 책은 저에게 더 의미 있는 결과물이 되었습니다.

이렇게 감사의 마음을 전하고 있으면서도 아직도 책이 정말 세상에 나오는 게 맞는지, 실감이 나지 않습니다. 하지만 주변에서 "할 수 있어"라고 말해주신 많은 분들의 응원 덕분에 여기까지 올 수 있었어요. 일일이 이름을 다 언급하지는 못했지만, 도와주신 모든 분들께 진심으로 고개 숙여 감사드립니다.

그리고 마지막으로, 끝까지 포기하지 않고 이 책을 완성한 저 자신에게도 진심을 담아 말해주고 싶습니다. 정말 수고했고, 정말 잘했다고.

부모님께 전하는 마음

 이 책을 읽을, 한 아이의 엄마, 아빠에게도 꼭 이 마음을 전하고 싶습니다. 이런 책을 챙겨볼 정도라면, 저는 이미 훌륭한 부모님들이라고 생각합니다. 아이에게 무엇을 해줘야 할지 고민하는 그 마음 자체가 이미 좋은 부모라는 증거라고 저는 믿어요.

 이 책은 거창한 AI 교육 지침서가 아닙니다. 책을 사랑했던 한 엄마가, 그 마음을 AI라는 도구와 연결해 보고 싶었던 기록입니다.

 하루 10분, 아이와 함께 책을 읽고 GPT에게 질문해보는 그 짧은 시간만으로도 충분해요. 완벽하지 않아도 괜찮습니다. 다만 오늘 하루, 실행할 수 있는 마음만 있다면 그걸로 충분해요. 그렇게 우리 아이와 함께, 매일 조금씩 성장하는 부모가 되기를 바라는 마음으로 이 글을 마칩니다.

 감사합니다.

유튜브를 삭제하고
아이에게 책과 GPT를 가르쳤습니다

초판 1쇄 2025년 7월 2일
지은이 조현주
기획 상상력집단
펴낸곳 상상력집단

주소 서울특별시 서초구 언남11길 16-15 4,5층
이메일 ss2443515@naver.com
인스타그램 ssr_creative

ISBN 979-11-978400-6-7

파본은 본사나 구입하신 서점에서 교환해 드립니다.
이 책의 판권은 지은이와 상상력집단에 있습니다. 내용의 전부 혹은 일부를 재사용하려면 반드시 양측의 서면 동의를 받아야 합니다.